アクティブ・リスニング
ビジネスに役立つ傾聴術

戸田久実

日本経済新聞出版

はじめに

「1on1ミーティングの時間をとったけれど、何をどう聴いたらいいかわからない」

「違う世代の人が、何を考えているのかがわからない」

「価値観に違いのある人とのコミュニケーションはどうしたらいいの？」

　こんな思いを感じたことはありませんか？


　コミュニケーションの悩みは尽きないもので、わたしのもとには日々さまざまなご相談が寄せられます。これまでに30年間、のべ25万人の人に研修を通して「わかり合うコミュニケーション」をお伝えしてきましたが、コミュニケーションの行き違いのなかには、すぐに対応できるケースもあれば、わかり合うために根気のいるケース、とても大変なテーマのものもあります。

　本書を手にしているあなたも、「人」の問題に頭を悩ませることはないでしょうか。

人と対話するなかで生じる数多くの問題を解決してくれるのが、本書のテーマである、アクティブ・リスニングです。

アクティブ・リスニングは、直訳すると「積極的傾聴」を意味し、わたしの解釈では、次のようにとらえています。

●相手に話を聴いているということがわかるように表現できること
●相手の言わんとすることを正確に理解し、ときには質問をしながら話を引き出し、共感しながら受けとめ、耳を傾けられること

いま、なぜアクティブ・リスニングが必要とされているのでしょうか？

それは、人は誰でも「自分の話を聴いてほしい、耳を傾けてほしい、理解してほしい、共感してほしい」という要望を持っているからです。

そのため、自分の話を聴いてくれる相手に、人は好意や信頼感を抱くのです。

よりよい人間関係を築くには、相手にわかってもらえるように話すことも大切ですが、い

かに相手の話に耳を傾けるかということも非常に重要です。

とくにここ数年で、価値観の多様化を実感している人も多いのではないでしょうか。異なる価値観や意見を持った人たちが一堂に会するなか、いかにコミュニケーションによって違いを埋めるのかということが重要になってきています。

そのために、相手の話に耳を傾けながら、違いを知り、すれ違いをなくしていくという実践の積み重ねが、以前より求められているのです。

とくに近年は、部下の話に耳を傾けるために1on1ミーティング（1対1での定期的な面談）の時間を設ける組織が増え、一層聴く力の重要性が注目されるようになりました。

そこで避けたいのは、貴重な話し合いの場ですれ違いが生まれたり、思い込みで相手を決めつけたりしてしまうことです。長年世代を問わず、本当に多くの人のコミュニケーションの悩みに触れてきましたが、

「相手の話に耳を傾け、話を引き出せば、すれ違いも起きなかったのに……」

と感じる相談は、少なくありません。

たとえば、「Z世代はこういうもの」という世代の特徴はあるものの、同じ世代全員に当てはまるわけではありませんよね。相手が思っていること、考えていることに耳を傾けられるようになると、決めつけから起こるトラブルは防げるはずです。

コミュニケーション不足によるトラブルの回避は、とくにマネジメント層にとっては欠かせない、必須スキルです。

そして、じつは、コミュニケーションの主導権は「聴き手」が握っています。

アクティブ・リスニングができる人になると、「この人は、わたしの話をしっかり聴いてくれる」と好意を持たれ、信頼関係を築きやすくなります。

すると、いろいろな情報が耳に入りやすくなり、人間関係も円滑になってくるのです。

さらに、相手の話を整理して要約できるレベルにまで聴く力を磨けると、自分の話を整理する力も、自然と身についていきます。

アクティブ・リスニングができる人が増えたら、仕事でもプライベートでも、トラブルが最小限になり、心理的安全性の保たれた場や人間関係を築くことができます。

本書が、その一助となれば幸いです。

2023年9月

戸田　久実

アクティブ・リスニング　ビジネスに役立つ傾聴術　目次

第1章

アクティブ・リスニングとは何か

1. なぜいま「傾聴力」が求められるのか

聴く力はコミュニケーションに欠かせない、人間関係を円滑にするスキル

「はじめに」でもお話ししましたが、聴き手が話を聴いているということが、話し手に伝わるように表現する聴き方のことを「アクティブ・リスニング」と言います。

身につけるには、相手の話を理解し、ときに共感しながら聴き、さらには、相手の話を引き出す発展的な質問ができることが求められますが、アクティブ・リスニングが習慣化すると、相手との相互理解が生まれ、信頼関係の構築へとつながっていくのです。

近年は、価値観が多様化してきました。そのようななかで相手との価値観の相違を埋めていくには、「話す」ことも大切ですが、「聴く」力も必要とされています。

組織の心理的安全性を叶えるには、キャリア・ポジション・立場の違う相手の話に耳を傾けられることが必須要素となるのです。

アクティブ・リスニングは、誰にとっても必要なスキル

アクティブ・リスニングができていない人は、思っている以上に多いものです。

アンガーマネジメント（怒りと上手に付き合うための心理トレーニング）の研修をしていると、自分と違う意見に触れることでイラッとしたり、憤りを感じたり、相手の話に素直に耳を傾けられなくなったりしてしまうというケースを耳にすることが多々あります。

あなたはいかがでしょうか。相手の話を突っぱねる、相手をやり込めてしまう、いかに自分の意見が正しいかを主張し、論破してしまうということはありませんか？

長年研修やコンサルティングをしていると、相手の話を聴けない人の話や、会話が成立しない人からの相談は後を絶ちません。

「上司の面談で話を聴いてもらえなかった」

「話を十分に聴いてもらえず、一方的に話されてしまった」

このような不満やストレスを抱えている人は大勢いるのです。

一方で、コロナ禍によってリモートワークが増えたことで、報告・連絡・相談といった必要最低限のコミュニケーションだけになってしまい、部下が抱えている悩みに十分に耳を傾

けることができていないと感じている管理職も増えています。

アクティブ・リスニングは、部下がいるマネジメント層には、より求められているスキルです。

もちろん、マネジメント層のみではなく、部下の立場でも求められる場面はあります。

職場での指示に対して、上司の話を表面的に聴くだけで、

「なぜその指示があるのか？」

「この組織ではこのやり方なのか？」

疑問を持っても、質問しない人もいます。

そのことが原因で、意図が理解できずに進めてしまいトラブルになってしまったという話も耳にします。

「上司がすべてをわかるように言ってくれなかったから」

と報告してくる人もいるのですが、疑問を持ち、上司の話を引き出し、確認できなかった側にも責任はあるものです。

このようなとき、アクティブ・リスニングのスキルは、相手の話を引き出し、確認するた

めにも役立ちます。職場の心理的安全性を実現し、ビジネスを円滑に進めるためにも必要なビジネス能力と言えるのです。

2. コミュニケーションは、聴き手が主導権を握るもの

円滑なコミュニケーションの秘訣は、相手が話しやすいように聴くこと

本来、コミュニケーションは双方向のものですが、うまく話すこと、論理的に話すことに注力する人が多いのではないでしょうか？

でもじつは、コミュニケーションの主導権を握っているのは聴き手です。

相手が無反応であったり、話しにくい態度をとったり、何かしながら聞き流す態度をとったりしているのであれば、いくら話し上手な人でも会話が成立しなくなってしまいます。

ですから、まずは相手が話しやすい適切な聴き方ができるように相槌《あいづち》を打つことは、話を円滑に進めるために欠かせません。

逆に、あまり話すことが得意でない人も、相手が話しやすいように耳を傾けたり、相手が

話しやすいような質問を投げかけたりすることで、双方向の対話が進んでいきます。

相手が話しやすいように、反応しながら聴くことが、コミュニケーションの行方に大きく影響しているのです。

一方的な会話は相手に違和感を与えてしまう

話し手が主導権を握ろうとすると、自分の言いたいことを話すだけで、相手の話に耳を傾けないというコミュニケーションをとってしまいがちです。

でもそれでは、相手に

「話をコントロールされた」

「一方的に意見を押し付けられた」

といった気持ちを抱かれることもあるでしょう。

話し手の立場になったときのことを振り返ってみてください。

一方的に自分の話したいことを話し、相手に自分の目的をわからせて、コントロールするようなコミュニケーションをとってしまうことはありませんか？　一方的なコミュニケーションをとると、聴き手は違和感や疑問を抱き、少なからずストレスを感じます。

そして、結果的にお互いが納得できるゴールへ向かうことも叶わなくなってしまうのです。

当たり前のことですが、それでは、組織もプロジェクトもうまくいきませんね。

物事を円滑に進めるために、聴く力、アクティブ・リスニングを身につけていきましょう。

3. コミュニケーションで目指す「聴くこと」のゴールとは？

相手を理解することは聴くことから

コミュニケーションでは、「この人はわたしの話を十分に聴いてくれた、理解してくれた、わかろうとしてくれた、気持ちを受けとめてもらえた」ということを相手に感じてもらえることも目指しましょう。

これが、双方向のコミュニケーションをもっともうまく成り立たせる秘訣です。

**アクティブ・リスニングを
発揮するのに
おすすめのシチュエーション**

- 着地点を決めなくてはいけない場面
- 解決の道を見つけなくてはいけない場面
- 他者との交渉の場面

職場では、上司と部下の1on1ミーティングの場合や何らかの相談を受けたときに、相手と意見や考え方がぶつかることもあります。とくに、次のような場面ではアクティブ・リスニングを発揮してみませんか。

●着地点を決めなくてはいけない場面
●解決の道を見つけなくてはいけない場面
●他者との交渉の場面

日本には、昔から「話せばわかる」という言葉が存在しています。

でも、「話せばわかるから」と、一生懸命

にこちらの言いたいことだけを言うスタンスはおすすめできません。

それよりも、相手が何を考え、どんな意見や価値観を持ち、背景にどんなものがあるのかに耳を傾けましょう。

相手の話を聴かなければ、相手への理解は深められません。お互いに相手の話を聴き、理解することで、信頼関係が生まれ、良好な関係へとつながっていくのです。

4. プライベートでも、聴く力は求められる

親しい間柄こそアクティブ・リスニングを意識しよう

パートナー同士や親子間でも、「相手が話を聴いてくれない」という相談をよく受けます。身近な人こそ、「聴いているようで聴いていない」ということに不満を感じるものかもしれません。研修先でよく、男性側から、

「仕事で疲れているのに、家に帰ると興味のない話ばかり聴かされてうんざりする」

という相談を受けます。それほど、相手の話を一生懸命に聴くことはとてもエネルギーを

使う行為なのです。

身近な人にほど甘えが生じてしまい、つい

「疲れているんだから、興味のない話はしないでよ」

「わざわざ手を止めたり、相槌を打ったりするのも面倒だ」

という態度をとることはありませんか？

もし心当たりがあるのなら、相手の話を聴くエネルギー量が減っている証です。

そのようなコミュニケーションをとり続けていると、やがて関係性が壊れてしまうことも考えられます。話し手にとっては、寂しさ・虚しさ・孤独感を募らせ、ときには怒りにつながってしまうこともあるからです。

聴く姿勢が疎かになっていないかを振り返る

パートナーへの不満についての相談を受けることが多々ありますが、

「何も聴いてくれていない」

「わたしのことをわかってくれない」

「結局、何もわかってもらえていなかった」

といったことが多く挙げられます。なかには離婚も考えているという話もあります。離婚まで至らなかったとしても、このような不満を耳にしたことがあるのではないでしょうか。

人は親しい間柄であればあるほど、自分のわかってほしいことを前面に出すことが多くなります。

「この人のことが好き。仲良くなりたい」

と思っているときには一生懸命に話を聴くエネルギーがわいてくるのですが、関係性ができあがるほど、相手の話を聴くことが疎かになってしまう人も多いものです。

そうお伝えしているわたし自身も、仕事をしているときは、夫に対して

「いまは忙しいからあとにして」

と言ったり、何かをしながら「ながら聴き」したりすることもあり、反省することがあります。ただ、聴く姿勢が疎かになってしまっていても、気づいて改善できるなら問題ありません。自分の聴き方に気づかず、改善することもなく、相手のマイナスの気持ちが積み重なっていくことだけは避けたいものです。

どのような状況で聴けていないかを知っておく

身近な相手に対しては、つい甘えも生じ、相手の話を聴くことが疎かになりがちな人が多いとお伝えしましたが、そのほかにも自分がどのようなときに聴くことができていないのかを知っておくこともおすすめです。

コミュニケーション能力の高い人は、まず自分がどのようなときに、どういったコミュニケーション、自己表現をするのか、その傾向やクセなどを知っています。つまり自己認知できているということです。無意識にしていることは改善することが難しいので、日頃自分がどのような聴き方をしているのか、そして、どのようなときに聴くことができていないのかを知っておくこと、意識しておくことが重要なのです。

研修などで

「どのようなときに聴くことができていないと思いますか？」

と尋ねると、

●身近な相手の話

- 何度も聴いた話を繰り返しされたとき
- 長々と話が続くとき
- 興味のない話
- 嫌いな相手の話
- 自分の意見に真っ向から反対されたとき
- 心に余裕がないとき（忙しい、困ったことを抱えている、イライラしている、など）
- 体調がすぐれないとき

などが出てきます。人それぞれ傾向は違うと思いますが、知っておくことで、「こういうときこそ、意識して聴かなければ……」と自分に言い聞かせることもでき、聴くスイッチも入れやすくなりますよ。

5. 聴く力があると、相手のSOSに気づけるようになる

相手のサインに気づいてフォローする

仕事では、いつも相手の話を丁寧に聴ける状況ばかりではありません。

たとえば、仕事で悩んでいる部下の「話を聴いてほしい」というサインに気づかなかった場合、部下が突然退職願を出してくることや、メンタルの不調を訴えてくることがあります。

そうなってから、

「あのとき、なぜ気づいてあげられなかったのだろう」

「どうして相談を聴いてあげられなかったのだろう」

と後悔する上司も少なくありません。

でも日頃から、アクティブ・リスニングを意識していくと、自然と相手の様子に気づく力が身につくはずです。

もし、相手が真剣に何かに悩んで困っているとき、助けを求めるサインに対して、すぐに反応できずタイミングを逃してしまったとしても、

「ごめん、さっきは何か聴いてほしかったんだよね」

と伝えて、フォローできるようになったという人もいます。上司と部下で、

「なんでもっと早く言ってくれなかったの？」

「言えるような状況ではなかったから、話しづらくて……」

といったすれ違いが起こらないようにしていきたいものです。

6. 聴く力は、話す力の土台になる

話す力も聴く力も訓練で鍛えられる

人の話を聴いていて、話の整理ができない人は、自分の話の整理もできないものです。

仕事では、「この人はこういうことを言いたいのだな」と頭の中で整理しながら聴き、第三者に報告すること、情報を共有することが必要になります。

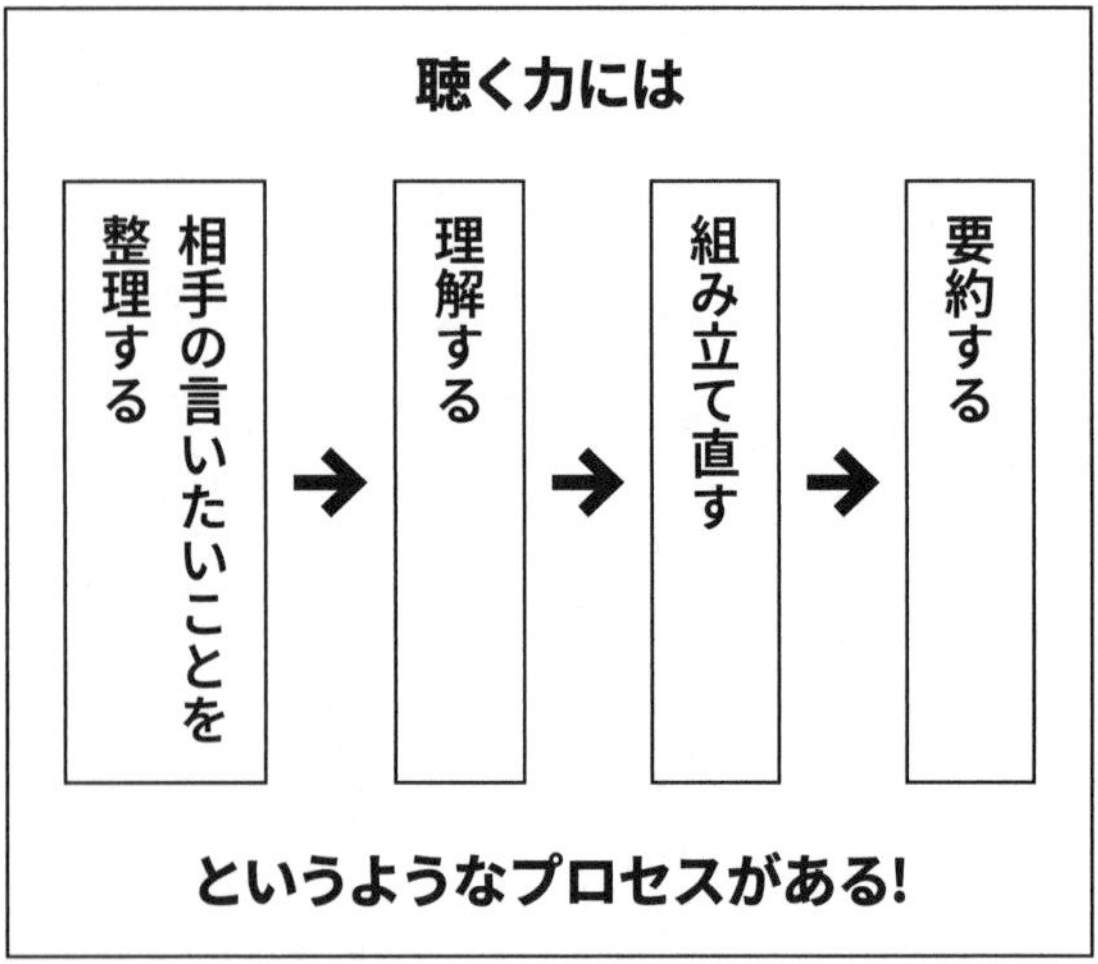

人の話を要約して伝えるにも、「聴く力」が必要です。

報告が苦手な人は、自分の話を整理して話すことも不得手という傾向があります。

「プレゼンテーションがうまくなるように、話し方を鍛えたいのです」

「ロジカルに話せるようになりたいです」

といった相談を受けることも多々ありますが、話すことだけに注力するのではなく、話すことと同時に、誰かの話を一生懸命に集中して聴く力が必要なのです。

相手の言いたいことを整理しながら聴いて理解し、頭の中で組み立て直し、要約する……という「聴く力」も磨いていきましょう。

人の話を整理して理解するプロセスと、自分の話を整理するプロセスは、同じ能力を使っています。そのため、聴く力を磨くことで、話す力も向上していくでしょう。

ディベートの上達には、聴く力が欠かせない

ディベートをテーマにした研修にて、ディベート試合の審査をしたことがあったのですが、ディベートがうまくできる人は、話す力はもちろんですが、より聴く力が優れているのだと率直に感じました。自分の話を論理的に展開でき、さらに相手の話も聴いて、それに見合った自分の提案や反論を伝えて議論していくことに長けていたのです。

かなり前のことですが、赤ちゃんの発語能力の発達について、次のような話を聴きました。

家族やまわりの人たちから一生懸命に話しかけられてきた赤ちゃんは、発話が早く上達します。一方、話しかけられることが少なく、放っておかれた赤ちゃんは、発話の成長がゆっくりになるそうです。

「おはよう。気持ちがいいね。おむつが濡れているね」

と人の話を聴く機会が多いほど、言語能力は鍛えられていきます。

大人になってもそれは同じで、人の話をどれだけ聴いていたかが、話す力を育てるのだそうです。言語能力を鍛えたいのであれば、大人になってからでも遅くはありません。

いろいろな話を聴き、表現に触れ、聴く力を蓄えていきましょう。

ディベートのときに的外れなことを発言する人は、自分の話す展開のことしか頭になく、相手の話をきちんと聴けていないものです。

相手の話を受けとめたうえで理論を展開していくディベートは、聴く力を磨くことで、より早く上達していくはずです。

7. 聴く力は自分を育てる近道

一生懸命に自分の話を聴いてくれる人に対しては、必要なアドバイスだけでなく、より多くの情報や大事な事柄を教えてあげたくなるという心理が働きます。

とくに、まわりの人に教えてもらわなければ動けないことが多い新入社員や転職・異動したばかりの社員の場合、他者から情報を多く引き出せるスキルとしても、アクティブ・リスニングは有用です。

自分が配属された職場がどんな職場で、どんな仕事をしていて、日々何が行われているのか、自分は何をすればいいのか、といった情報をまわりの人が話しやすいように、アクティブ・リスニングを活用し、積極的に聴く姿勢を表現しましょう。

聴く力によって、情報の集まり方に大きな差が出てくるはずです。

「この人はわたしの話を聴いてくれるから、サポートしてあげたい」

「仕事に前向きだから面倒を見てあげたい」

と思ってもらえる人を目指して、聴く力を磨いてみてください。

Web検索から得られる情報も多々ありますが、現場を経験した人だからこそわかる情報を仕入れることも、とても重要です。教える側からすると、部下が聴いているのか聴いていないのかわからない反応をされると、伝わっているかどうか不安になるものです。

このように、教える側の視点も意識することで、より聴く力も身につくでしょう。

8. 聴ける人は好かれる人でもある

「傾聴は最大の愛情表現」

これは、20年ほど前に心理学の講座を受けたときに言われた言葉です。関係性にもよりますが、愛情の表現方法にはさまざまなものがありますね。

「大好きだよ」

「あなたは、○○がよいところですね」

というように、相手を大切に思っていると伝えることも愛情表現のひとつです。

また、相手が話しやすいように反応を返したり、話に最後まで耳を傾けたり、ときには相手の気持ちに寄り添って共感したりすることが、最大の愛情表現になることもあります。

実際に、無視をされた経験や話を聴いてもらえなかったという孤独感は、精神的にこたえるものです。

これを逆に考えると、話をきちんと聴くのは、話し手の心の支えになり、大事にされていると思えるような愛情表現にもつながります。

そのことが無意識に伝わっているからこそ、多くの人がじっくりと話を聴いてくれる人に対して「この人に話してみようかな」「この人に連絡をとりたいな」と思い浮かべるのでしょう。

そう考えると、口下手な人や積極的な対話ができない人であっても、聴く力を磨くことで、十分に人から好かれる人になることができると言えますね。

9. 話を聴ける職場が、心理的安全性のある職場になっていく

お互いに相手の話を聴くことが、安全な場をつくるカギ

心理的安全性が目指す要素のひとつに、立場が違ってもキャリアや考え方が違っても、対等に建設的な議論を交わせることが挙げられています。

これを実現するには、話し手が誰であろうと、相手の話に耳を傾けられる環境であることが不可欠です。

話を聴いてもらえない、意見を遮られる、否定される……という環境では、心理的安全性が成り立ちません。率直に自分が思ったことを意見できること、提案できること、「わからない」と言えることも、欠かせないコミュニケーションなのです。

相手の話を頭から否定したり、批判することなく、遮ることもなく、耳を傾け合う関係を築いていきましょう。この積み重ねが、チームや組織で理想的な環境をつくり上げていくことにつながっていきます。

心理的安全性を組織で実現するために、上司側に必要なこと

マネジメントの役割を担っている人には、キャリアの浅い相手、異なる価値観や考え方を持った相手のことを受けとめられる聴き方が必要とされます。

自分のほうが経験値が高い、キャリアがあるので、わたしのほうが正しい、と思い込んでいると、相手の意見と異なるときに「いや違う」と言葉を挟んだり、イラッとしたりして、相手の話を傾聴できないということが起こりがちです。

「よかれと思って」と言って、アドバイスと称して意見を押し付けるケースもよくあることです。

このようなことをなくすには、自分から、立場が下の人やキャリアが浅い人の話を聴こうと意識することが必要です。

上層部の人ほど忙しいため、より早い決断・解決を意識しているものです。そのため、

「自分に意見や相談をするのだったら、手短に伝えてほしい」

という意識を持っている人も大勢います。

ある大手企業のマネジメント層の方から、コミュニケーションに関するご相談を受けたときのことです。わたしと話している最中も、

「はい、はい、はい。わかる、わかる、わかる」

と矢継ぎ早に急かすような相槌をしていました。そのうえご本人から

「まわりから、○○さんは人の話をちゃんと聴いてくれない、と言われるんだ」

と相談されたので、その相槌では話しづらいということを率直にお伝えしたところ、

「え！　そんなふうに相槌を打っていましたか。自分では無意識でした。つい普段からスピーディーに物事を進めることを意識していたから、相槌まで速くなってしまったのかも

……」

とおっしゃっていました。

このように、無意識のうちに相手が話しづらい聴き方をしてしまっていることはないでしょうか。

雰囲気によって、上司と部下のコミュニケーションに悪循環が起こることも

忙しい人は、相手が考えながら話す場面でも、待っていられない雰囲気を出してしまいがちです。

部下から話しかけられて、

「早く言って」

「手短にね、要するに何？」

と言ってしまうことはありませんか？

このような返答を受けると、部下は話すモチベーションを失うものです。

相手を急かす言葉をかけてしまう上司側の話を聴くと、限られた時間で話を聴かなくてはいけないため、部下には、簡潔かついち早くゴールにたどり着く対話を期待しています。

より忙しい人やスピーディーな決断を求められる人ほど、

「要するに何？」

と思いながら聴いているので、相手はますます話しづらい雰囲気になってしまうのです。すべての人がロジカルに簡潔に話ができるのが理想ではありますが、現実にはそうではない人も大勢います。

部下にプレッシャーを与えてしまうと、口ごもって、余計に話ができなくなるという悪循環に陥ることもあるので、どんなに忙しくても

「要するに何？」

「で？」

は禁句です。とくにポジションパワーのある人から言われるとプレッシャーがかかるので、より気をつけたいものです。

ちなみに、先ほど例に挙げた方には、

「忙しくても、せめてゆっくり返答しましょう」

と、2倍のペースでゆったり返事をするようにアドバイスしたのですが、実践するうちに、部下の反応も変わってきたそうです。

子どもに対しても同じことが言えます。忙しくしていると、つい大人は

「何？　何？」

と急かしてしまいますが、この対応が続くと子どもは

「もう、いいや」

と諦めてしまうことがあります。

どんなに忙しくても、相手を急かさないように心がけたいものです。

また、話をまとめるのがあまりにも苦手な人の場合は、訓練してもらう必要があるため、

「よく考えてまとめてから、もう一度来てくれるかな」

と伝え、まとめ方のアドバイスをするのも必要でしょう。

「お互いさま」の気持ちを忘れず、アクティブ・リスニングを心がけていきましょう。

10. 意図的な無視は、ハラスメントにあたる

相手が傷つくような暴言を吐いたり、自分の意見を押し通したり、感情的にやり込めたりすることは、攻撃的な自己表現にあたります。

じつは、それ以外に、無視をすることも攻撃的な自己表現にあたることをご存じでしょうか。意図的に相手の話に耳を傾けず、明らかに無視をする行為は、相手を大いに傷つけることになります。

厚労省が出したパワーハラスメントの定義には、「相手を無視する、集団で孤立化させること」も含まれています。

無視もハラスメントなのです。

相手が意見を言ったときに、目も合わせずに、

「もういいから、あとにして」

「もういい。あんたの話は、聴くつもりがないから」

といったことを平気で言う人もいます。

自分が何気なくしている行為が、相手の心を傷つけること、ハラスメントに該当すること も知っておいてほしいのです。

ポイント

☑アクティブ・リスニングとは

- 話し手に「話を聴いている」と伝わるように表現する聴き方
- 相手の話を理解し、共感すること、相手の話を引き出す発展的な質問力なども求められる

☑アクティブ・リスニングは上司・部下ともに必要

- 部下の悩みや本音を聴く
- 上司へ、疑問点を質問する
- 職場の心理的安全性を実現させるためにも必要

☑アクティブ・リスニングが効果的なシチュエーションとは？

- 着地点を決めなくてはいけない場面
- 解決の道を見つけなくてはいけない場面
- 他者との交渉の場面

☑聴く力は、話す力の土台になる

- 人の話の整理ができない人は、自分の話の整理もできない
- 相手の言いたいことを整理しながら聴き、理解し、組み立て直し、要約することで「聴く力」を磨く

第2章

アクティブ・リスニングの基本

1. 相手が話しやすい態度を心がける

相手が話しづらい態度をとっていないか

聴くときの態度を意識していない人は、驚くほど多いものです。

わたしがさまざまな職場でコミュニケーションの研修を実施する際、どのような態度だったら話しづらいか、あえて考えてもらい、ディスカッションを行うと、腕を組む、頬杖をつく、背もたれに完全にもたれかかる、目を合わせない、貧乏ゆすり、ペン回しなどの落ち着きのない態度、パソコンや書類を見ながらの「ながら動作」をするなどの例が挙がります。

ただ、その悪い例に対して、

「普段、こんな態度は絶対していない！」

と言いきれる人はほとんどいません。誰でも、何かしらの心当たりがあるのです。

また、オンライン上でも、聴いているときの姿は、想像以上に見られています。

自分が話すときの態度や表情を意識している人は多いのですが、他人の話を聴くときの態度や表情には、驚くほど無頓着な人が多いということです。

- 背もたれにもたれかかっている
- メモをとっているわけでもないのに、ずっと下を向いている
- 顔の半分しか画面に映っていない
- 目をつむって寝ているように見える
- 眉間にシワがよっているなど表情が怖い
- 何かほかの作業をしているように見える
- 電話をしている

残念ながら、こういった態度をとっている人もいます。

自分の姿が画面に映っているのですから、聴いている姿勢がどう見られているのか、改めてチェックしてみませんか？

聴いている人も、オンラインでの姿を見られている

以前、ある企業の講座で、居眠りをしていると思っていた人から、

「聴き入っていました」

という感想をいただいて仰天したことがありました。

オンライン研修に登壇したときや、受講者として参加したときには、歯磨きをしながら聴いている人、メイクをしている人、パソコンを持ったままトイレに入ってしまう人もいました……。さすがに珍しいケースではあるものの、無頓着な人は本当に多いのです。

非常識な態度で聴く人は、話し手の立場になったことのない人ではないかと思います。

スピーカー役・講師役を務めることの多い人ほど、話しているときに聴き手の一人ひとりが目に入ること、聴き方が与える甚大な影響のことをわかっているので、自身が聴き手になったときには気をつけているという話をよく耳にします。

聴き役の多い人ほど、聴いている人の表情や姿勢が話し手にどれほど影響を与えるか、意識して場に参加するようにしましょう。

2. 話し手に好かれる相槌と嫌われる相槌の違い

話し手は、丁寧な相槌に安心感を感じる

丁寧な相槌には、相手の話を促す効果があります。

話の内容に合わせて、「はい」「ええ」と言うだけでなく、相手の話の重要なポイントを復唱、確認して反応するといいでしょう。たとえば、

- 「今度のプロジェクトのことで、新たな提案があるのですが」→「新たな提案ですね」
- 「先日、取引先の○○からクレームを受けたので、相談に乗ってほしいんです」→「クレームの相談ね。いいですよ」

このように、キーワードを返すことで、話し手は「相手が間違いなく正確に聴いてくれている」と受け取り、安心して話を進めることができます。

また、相手の感情、心情が含まれている話のときは、気持ちに共感した相槌を意識することも必要です。たとえば、

●「最近、□□という困ったことがあって、数日間悩んでいるんですよ」→「それは、本当に困ったね。つらいね……」
●「いいことがありました！　契約がとれて、結果が出ました」→「よかったね！　それはうれしいよね」

というように、共感の相槌はもちろん、相手の話の内容に合った声の表現や表情のリアクションも、併せて意識しましょう。

相手の感情に寄り添った共感の相槌は、「この人はわたしの気持ちをわかってくれている」と伝わりやすく、心の距離を近づける効果があります。

シーンに合わせられるように、相槌の引き出しも複数持っておけるといいですね。

そのほか、相手に聴いていることが伝わるように、

「そんなことがあったのですね」
「○○だから、こうなのですね」
と、受けとめる相槌や確認する相槌も、相手に安心感を与えます。

聴いている姿勢が伝わらない、嫌われる相槌になっていないか

好かれる相槌と反対に、嫌われる相槌もあります。たとえば、

- あまりに急かすような小刻みな相槌
- 興味がないと感じられるような、「ふーん。へー。あっ、そう」といった反応
- 「はい、はい、はい」といった単調な相槌の繰り返し

そのほかにも、「そうっすね」「まじっすか」という言葉をたびたび繰り返されると、相手は「本当にわかっているのかな？」と不安になるものです。

「で？」という相槌も、言われた側は不快な気持ちになるので、使わないように気をつけま

話し相手から好かれる相槌、嫌われる相槌

○

●キーワードを繰り返す
「今回のプロジェクトで新たな提案があるのですが」
→
「新たな提案があるのですね」

●相手の気持ちに共感する
「契約がとれました!!」
→
「よかったね! それはうれしいね」

×

●相手を急かすような小刻みな相槌
「うんうんうん」「それで?」

●興味がなさそうに聞こえる反応
「ふーん」「へー」「あっ、そう」
「そうですか」

●単調な相槌の繰り返し
「はい、はい、はい」

しょう。無意識に使っている場合が多いので、日々どのような相槌を打っているかを意識してみませんか？

3.「共感しているフリ」になっていないか

ネガティブな感情は共感で癒される

共感の気持ちを表現するには、まず相手の話に対して、気持ちに寄り添って聴くことが重要です。とくに相談事で、相手が悩んでいること、困っていることを聴いているときには、アドバイスや解決方法を提示しながら聴くよりも、まずは相手の話に共感を示しなが

ら聴きましょう。

相手にネガティブな感情があるときほど、より共感を意識してみてください。

「この人はわたしの気持ちをわかってくれて、寄り添おうとしてくれている」

と相手が感じられれば、問題解決に至らなくても、癒やされることがあります。

だからこそ、カウンセラーという仕事が必要なのかもしれません。話すことで癒され、満足し、安心できるのは、聴き手の共感の姿勢があってこそ得られるものなのです。

言葉だけなぞっても、「共感」にはならない

共感していることを、相手にわかるように表現するのは難しいことです。

自分が体験していないこと、「そんなことは起こり得ない。自分の考えとはかけ離れている」と思ってしまうことに対して寄り添うのは、さらに難しいでしょう。

ところが、共感が大切だという知識があるばかりに、心のこもっていない共感めいた言葉だけ言う人がいます。

「それは大変ですね」

「お困りですね」

「ご不快な思いをさせてしまい、大変申し訳ございません」

ただマニュアルを読んでいるだけのような「共感をしているフリ」は、逆に話し手をイラッとさせてしまいます。

先日、わたしが大きな金額の不正請求について、カード会社に連絡をしたとき、

「それはお困りですね」

と、マニュアル通りの単調な言い方で共感の言葉を言われ、かえって嫌な気持ちになったことがありました。共感を示すには言葉だけを言えばいいというものではありません。

「共感」という言葉ばかりが、独り歩きしてしまっているのではないでしょうか。

とくに電話の場合、姿が見えず、視覚情報がないため、より聴覚が敏感になると言われています。声のトーンや話し方から、「いま、忙しいのでは？」「もしかして寝起き？」「何かいいことがあった？　機嫌がよい気がする」というように、姿が見えないのに、相手の状況が感じとれるということはありませんか？

電話では、対面時以上にどのような気持ちで相手と向き合うかが重要なのです。

「共感」をしっかり表現するには、相手の立場になって聴くことに、神経を集中させなくてはいけません。聴くことを生業にしている人たちであっても、「共感は難しい」と言うほどですから、簡単ではありません。

もう二十数年前のことですが、

「『聴く』ことは、『聴』の漢字が示すように十四の心と耳を傾ける。そのくらいの意識を向けることなのだ」

と教えてもらったことがあります。

言葉や言葉尻だけで共感していると見せようとしても、相手に見破られてしまいます。

ぜひいま一度共感できているか振り返ってみませんか？

4. 相手の話に関心を持って聴く

こちらがまったく興味のない話を、相手が一生懸命に話してくることはありませんか？

相手にとって大切な話であるなら、よりよい関係性を築くために興味を持って聴いたほうがいいでしょう。実際に、自分には興味がないと思っていた話でも、聴いているうちに興味深く感じられることもあります。

ですから、はじめから、シャットアウトして遠ざけないようにしましょう。

以前、ある女性との会食で、ゴリラの話が話題にあがりました。最初は興味がなかったのですが、「お父さんゴリラが熱心に育児に関わっている」というくだりから、ゴリラと人間の育児の違いに話が発展し、しばらく盛り上がった結果、つい、ゴリラの生態について自分でも調べてしまいました。

最初は興味のない話でも、聴いてみることで、新しい視点や発見がある場合も多いのです。

5．共通の話題がなくても、傾聴することで会話は弾む

会話をするときに、「共通の話題を探さなければ」と躍起になってしまう人がいます。

でも、かならずしも共通の話題がなければいけないわけではありません。

何か共通する話やテーマがなかったとしても、先ほどのゴリラの話題のように、相手が話したことに対して興味を持って聴くことで、会話が盛り上がることがあります。

「それはどうなんですか？」

「それってどういうことですか？」

と聴き続けていくと、相手は気持ちよく話ができるものです。

好奇心を持って、知らないことを聴いていくというスタンスで会話をすると、自然と会話は弾んでいくのです。

6. 先入観を持たずに聴く

話し手の伝えたいことを、聴き手は受け取れているか

アンガーマネジメントをテーマにした研修にて、ある受講者からこんな質問を受けました。

「じつは、以前もアンガーマネジメントをテーマにした研修を受けたことがあります。そのときの講師に、『相手が感情的な怒りをぶつけてきたら、どう対処すればいいのでしょうか？』と質問をしたところ、『アンガーマネジメントは、自分の感情をマネジメントすることなので、相手の怒りはどうすることもできません』とだけピシャリと言われてしまったのですが……、やはりその回答なのでしょうか」

そこでわたしは、次のように尋ねました。

「○○さんが本当に聴きたかった回答ではなさそうですね。どう対処したらいいのか、と悩ましく思っているのですね。相手が怒りをぶつけてきたときに、どう感じるのか、どうしたいのか。思ったことをお話しいただけませんか？」

すると、このような気持ちを伝えてくださいました。

「相手が感情的に怒りをぶつけてきたときに、どうしていいかわからない自分がいて、そういう相手に何もできない、何もしてあげられない自分がとても情けないのです。力になれない無念さや虚しさを感じてしまうのです」

このように、相手の話を聴いた瞬間に、「あ、これはよくある質問だ」「またこの手の話だ」と思って、相手の質問の意図も聴かずに回答してしまうことはないでしょうか。

先入観を持たずに相手の言葉を聴くことも、注意していきたいポイントです。

先入観がないか意識して話を聴く

感情的な怒りをぶつけられたときにどう対処すればいいか質問してきた方に、

「そのように感じてのご質問だったのですね。相手の感情は相手のものですし、相手の怒りに対してどうにかしてあげたいと思ってもできないこともありますものね。アンガーマネジメントでお伝えできることは、まず相手の感情に振り回されないこと、相手の感情に共感することだととらえていくのはどうですか？」

と提案したところ、心が軽くなってスッキリしたと言っていました。

人は、過去に聴いたことのある話をされると、「ああ、またこれね」と早く解決方法を教えてあげたくなってしまうものです。ところが、先ほどの例のように、似ているようで、じつは自分がいままで経験してきた相談事とは違う話題だという可能性も大いにあるのです。

先入観を持たずに、相手の話をしっかり引き出しながら聴くようにすると、こうしたズレはどんどんなくなっていきます。

わたし自身も、取材を受ける際に「またこの質問か」と思ってしまうことがあります。

そんなとき、「こういう話を知りたいのだろう」と決めつけていないか、注意するようにしています。

同じような話を耳にしたときに、勝手に「これはこうだ」「あれはこうだ」と決めつけず、先入観を持っていないか気をつけましょう。

相手の話の真意は、最後まで聴いてみなければわからないものです。相手の心の奥深くにある真意を引き出せるよう耳を傾けてみませんか？

7.自分の意見は横に置いて聴く

相手の話を聴いている際、自分の話にすり替えてはいけない

自分にとって興味・関心のあることや、自分と同じことで困っている話を耳にしたとき、あなたはどんな態度をとっていますか？

たとえば、人から

「○○タイプのお客様がいて、とても難航して困っている」

という話をされたときに、

「わたしも！　まさにそういう合わないお客様がいて困っていて……」

と自分の話を始めてしまうと、いつの間にか相手の話を奪ってしまっていることになります。たとえ自分にとってタイムリーなテーマであっても、相手に
「わたしの話を聴いてほしかったのに……」

という思いをさせないよう、注意が必要です。

とくに相手から相談を受けたときには、自分の話を横に置いて、

「そういうことがあったんだね。それはどんな状況？」

「ああ、そうか。そういうことってあるよね」

と聴く姿勢を保ちましょう。

もし自分のことを言うとしても、

「うん、わたしもそういうことがあるよ」

という程度の返事がいいですね。

自分の相談をしたいのであれば、相手が話し終わって、余裕がありそうなときに
「じつは、わたしにも同じようなことが最近あってね」
と伝えるのがいいでしょう。相手が１００％のうちの10％ほどしか話していないのに、話し手と聴き手が完全に逆転しないように気をつけたいところです。
まずは相手の話を聴き、相談を受けている側であることを意識してみてくださいね。

会話の場面によって話し方を変える

ディベートであれば議論を交わし合いますが、アクティブ・リスニングの場合、基本的には相手の言っていることを理解し、相手の言いたいことをまず引き出すことが主になります。ですから、

「わたしにも同じ経験があって」

「わたしだったらこう考えるよ」

といった自分の意見は、話の最後のほうに伝えるといいでしょう。

企業でのリーダー層以上の人の研修では、1on1ミーティングをテーマにした研修が求められることが増えてきています。その背景には1on1ミーティングの場が「部下への事情聴取」のようになってしまっていることが挙げられます。

「お客様との関係で困ったことはない？」

「仕事の進捗はどう？」

というように、上司の知りたいことをヒアリングする場になってしまっているケースが多いのです。せっかくの場を一方的に終わらせないようにするには、上司側にも部下側にも、聴く力が必要と言えるでしょう。

自分の聴きたいことを聴く時間になっていないか

ある企業のマネージャーから、部下と1on1をしたのだが、うまくいかなかったという相談を受けたことがありました。評価面談という主旨だったため、部下に対して

「掲げた目標数値のどこまで達成できたの？」

「5割までしかできていないとすると、その要因は？」

「その要因をもっと具体的に話してくれないかな？」

「それで今後、どういう計画を立ててるの？」

「その計画も達成できる見込みはあるの？」

以上のような質問をし、結果的に部下からは納得のいく回答が得られないので、

「そんな話しか聞けないと、評価することができないよ」

と伝えたら、

「……。それならそれで仕方ないです……」

と切り返されたとのことです。

なんだか後味が悪く、今後も面談はあるので、どういうことに気をつけたらいいかわかっておきたい、ということで一緒に振り返りました。

ご自身でも顧みたところ、上司として知りたいこと、納得のいく回答を得るための問いかけしかしていないという時間になってしまっていたことがわかりました。

部下がどう考えているのか、困っていることはないのか、思った結果が出なかった背景や事情にはどういうことがあったのか。

それらに、耳を傾けることができていなかったということです。このようについ、1on1ミーティングが自分のためだけの時間になってしまうという話はよく耳にします。相手の話を聴く、相手のための時間でもあることも意識したいものですね。

8．即座にアドバイスしない

相手はただ聴いてほしいだけのこともある

相談をされたとき、アドバイスはかならずしも必要ではありません。

もしかしたら、相手はただ自分の話を聴いてほしいだけかもしれないのに、よかれと思って、

「じゃ、こうしたら？」

「こうしたほうがいいよ」

と言ってしまっているケースは多々あります。

これは、男女間、パートナー間でもよく耳にする問題です。

ただ聴いてほしいのに、話の途中で解決策ばかり言われてしまうと、

「いまは、そんなことを求めているわけじゃないのに……」

というすれ違いが生まれてしまうのです。

さらに悪いことに、アドバイスが

「これができていないからじゃない？」

「あれをやっていないからじゃない？」

というダメ出しになってしまっていることもあります。

長すぎるアドバイスは、説教になることもあるので、とくに注意が必要です。

とくに、パッとひらめいて話し始めてしまうタイプの人は、相手が話している途中でも、被せて話し出してしまいます。でも、まずは最後まで話を聴いてほしいという人のほうが多いものです。相手の話を聴くように心がけましょう。

相手の名前を呼ぶことで、相手の話を止める

一方、相手の話が長すぎて、機関銃のように止まらないケースもあります。

聴き手側も、ただ長話になってしまうのは避けたいものですよね。そのようなとき、わたしは相手の名前を呼びかけます。たとえば、

「○○さん。話を正確に理解するために、1回確認していい？」

「○○さんの話はこういうことかな。整理していい？」

と名前を呼ぶと、相手がこちらに注目してくれることが多いのです。

「ちょっと待って」

と言わず、

「○○さん、ちょっといい？」

といったように声をかけてみませんか？

そして、あなたの話を正確に理解するためだと伝えて、話を止めることがポイントです。

アドバイスを求められたときに心がけたいこと

講座や研修時には、次のような人に困惑する講師が少なくありません。

- 講座の流れが止まるような長い質問をする人
- 10分休憩の最中に、質問攻めにする人
- 講座の主催者が片づけ始めても、ずっと話している人

まわりが見えなくなっているために、後ろに人が待っていても構わない人もいます。

その場合、講師側で時間をいったん終えなくてはいけません。

もし研修後に多少時間のゆとりがあるのなら、

「休憩時間中なのでごめんなさい。限られた時間なので、いったん終えて、講座後にもう1回話を聴いてもいいですか？」

と提案することもあります。

もう帰らなくてはいけない、会場を閉めなくてはいけない、タイムリミットだというときには、

「申し訳ないのですが、ここまでの話のなかでは、わたしは○○だと理解しました。この後は□□の事情があるので失礼しなければいけません。ここまでになりますがよろしいです

か？　本当にごめんなさい」

こう言って打ち切るときもあります。

講座の例を挙げましたが、仕事やプライベートでも同じように対応策を考えることができます。たとえば、

「次の予定があるので、改めて○時以降に時間をとって聴きたいのですが、いいですか？」

と言って、別途時間をとることも一案です。

9. 沈黙を怖がらない

沈黙が必要な人もいる

あなたは、沈黙が気になるタイプですか？

相手とのやりとりにて、何も話さない「間」が数秒あるだけで気になるという、必要以上に沈黙を嫌がる人もいます。

わたしは、考えを頭の中でめぐらせて、噛みしめ、理解しようとするときの「間」が、必

要ではないかと感じています。頭の回転が速い人ばかりではありませんし、混乱している人は、なかなか会話が続かないものです。

一方、相手の「間」を待っている間に、相手の表情をジッと見すぎて、相手に威圧感を感じさせてしまうことがあります。

とくに自分が年齢や立場が上にあたるときには、相手が萎縮してしまいやすいので、あまり凝視しないよう注意しましょう。

沈黙の時間は、相手が落ち着いて、深く思案している時間です。

相手が心地よさそうにしているのであれば、大切な時間を遮らないように、平均5秒ほどは待つようにしてください。もし何も言うことがなくて困っている様子であれば、声をかけるようにしましょう。これは、数を重ねることで判断できることです。

相手を観察して、沈黙が必要かを見極める

部下を持って間もない人、打ち合わせにそこまで慣れていない人、人前であがってしまう人は、沈黙を怖いものだと感じがちです。このタイプの人は、沈黙の時間があると、

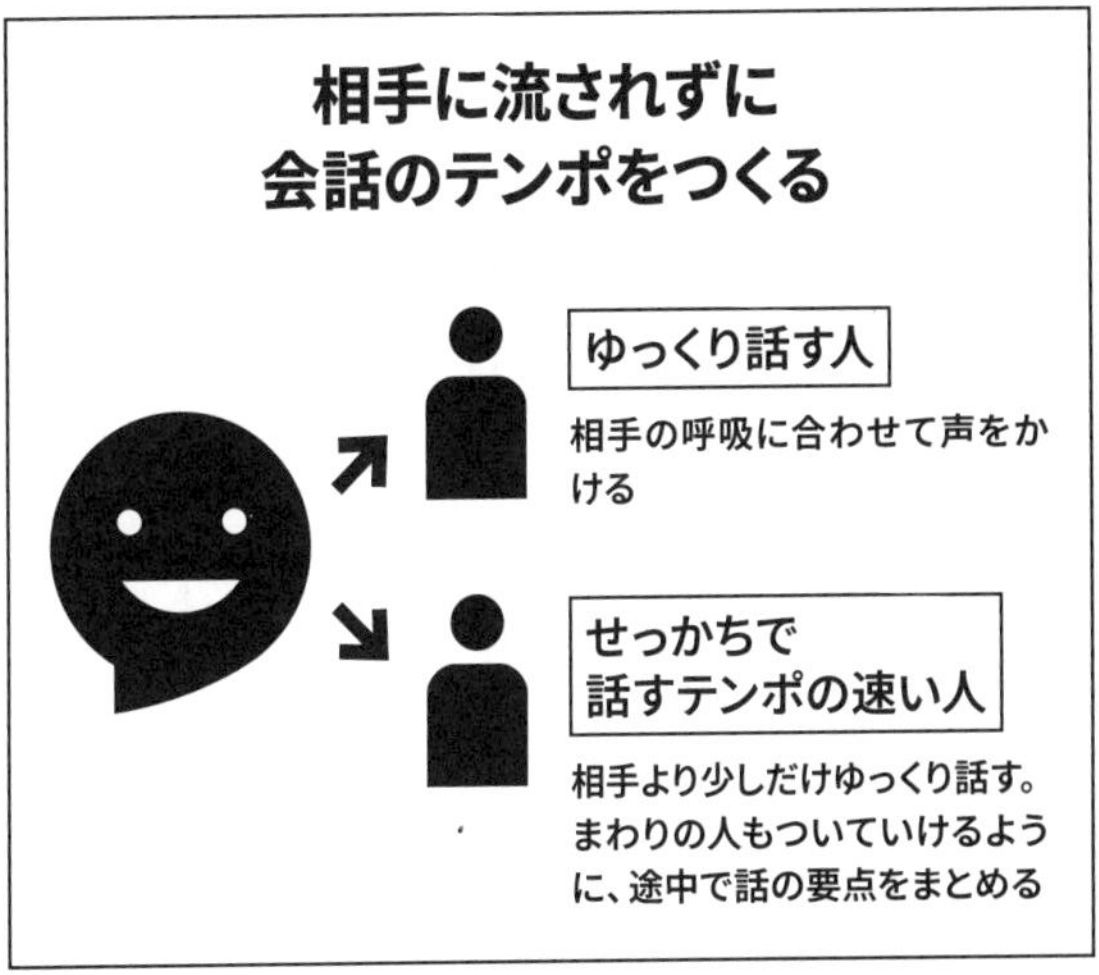

「何？」
「どうした？」
　と急かす言葉を入れたり、意見やアドバイスを差し込んでしまうことがあるので注意したいところです。相手をしっかり観察して、不要な言葉がけをしないようにしましょう。

相手の話すペースに合わせて話を聴く

　相手の話すペースに合わせるのも、重要なポイントです。

　たとえば、コンサルティングをするときや相談を受けるときには、なるべく相手のペースに合わせるようにしましょう。

　ゆっくり話す人には、相手の呼吸に合わせ

て声をかけてあげてください。

反対に、とてもせっかちで、話すテンポが速い人もいます。

このタイプの人と話すときには、会話のペースをやや遅くするよう意識し、相手より少しだけ遅く話すのが理想的です。

会話の速さの調節をしないと、どんどん速くなってしまうので、落ち着いて話せるように、ペースを半テンポ遅らせてみてください。

たとえば、会議などの場で複数名で話すときにも、進行役の人が速いペースで話すと、まわりの人がついてこられないことが多々あります。

ファシリテーター役は早口な人に対して、

「〇〇さん、△△というご意見ですね」

「これはぜひみなさんと共有したいので、繰り返し言います」

と、少しゆったりとした口調で言いながら、全体の会話のペースをつくっていくのがおすすめです。それ以外のとき、ペースはなるべく相手に合わせるのが基本です。

ペースを合わせることによって、話し手はとても話しやすくなります。

早口な人に対しては、あえてペースを遅らせることで会話が上滑りすることを防ぐことができます。ただ、あまりモタモタするとイライラされてしまう可能性もあるので、ペースの調整の仕方には注意しましょう。

10. 相談事に対して「これ以上は無理だ」と思ったら、一度リセットしてもいい

いつまでも話の出口の見えないときには、いったん区切る

立場上、また、扱っている内容上、怒りに関わることを相談されることが多くあります。

そのなかには、話していて出口のない人もいます。

話を聴きながら、たとえこちらが

「こんなふうに考えてみたら？」

「これって本来、どういうふうにしたらいいいんだろうね」

と建設的な質問や投げかけをしても、

「でも……」

と、話を戻してしまう人も少なくありません。

もし、相手からの相談事を聴いていて、「本当にこれは無理だ」と思ったときには、

「そういえば、○分後にミーティングがあって、用事があるからごめん」

「もう1回、また改めてのタイミングにしてくれないかな」

と、その場から離れましょう。

そのままずっと続けても、不毛な時間を繰り返すことになりますし、相手もどんどんヒートアップするばかりです。

双方のためによくないと思ったときは、「あっ、そういえば……」と言いながら、理由をつけて打ち切ることも選択肢のひとつです。

自己犠牲をともないながら、相手に尽くすことまではしない

「できれば聴いてあげたい」という思いを持っていたとしても、自分をそこまで犠牲にして聴く必要がないもの、自分がダメージを受けてまで聴く必要がないこともあるのです。

サービス精神があって、何とかしてあげなくてはいけないと思っているうちに、悩んでい

る相手に引きずられてしまう人もいます。

でも、「途中で区切ったら申し訳ない、最後まで付き合わないといけない……」と自己犠牲をともないながら尽くすことまではしなくていいのです。

わたし自身も、心の中で「お手上げ」と思ったときには、そのようにしています。

ポイント

☑好ましくない「聴く姿勢」とは？

- 背もたれにもたれかかっている
- ずっと下を向いている
- 顔の半分しか画面に映っていない
- 目をつむって寝ているように見える
- 眉間にシワがよっているなど、表情が怖い
- 何かほかの作業をしているように見える
- 電話をしている

☑話し手に好かれる相槌と嫌われる相槌の違い

◎相手の話の重要なポイントを復唱、確認して反応する

◎気持ちに共感した相槌をする

×あまりに急かすような小刻みな相槌

×興味がないと感じられるような、「ふーん。へー。あっ、そう」といった反応

×「はい、はい、はい」といった単調な相槌の繰り返し

☑先入観を持って話を聴かない

- 「これはよくある質問だ」「またこの手の話だ」と先入観を持って相手の話を聴かない
- 相手の話の真意までしっかり汲み取る

第3章

アクティブ・リスニングの実践

1. 観察しながら聴く

相手の反応を見逃さずに確認する

相手が、こちらの期待する反応をしないことがあります。

これは、最近とくに寄せられる相談です。たとえば、産休明けや育休明けの時短勤務の人に負担をかけてはいけないと思い、

「これ以上の仕事は無理しなくてもいいよ」

「このミーティングは、残業になるから出なくていいよ」

と伝えたところ「ありがとうございます」ではなく、とても微妙な顔をされることがあるそうです。相手の顔がくもる、目を合わせず下を向いてしまう、といったサインが出たときには、見過ごさず、

「何か気になることがある？」

「少し表情が変わったように見えたけれど、何か思ったことがある？」

と、一歩踏み込んで尋ねてみてください。

善意がそのまま伝わらないこともある

相手の負担を思って遠慮したことで、かえって
「わたし、戦力外通告をされた？」

「本当はそれをやりたかったのに、育休明けで時短勤務だとダメだということ？」

「お荷物になってしまいますよね……」

と受け取られたり、不満を持たれてしまうことが少なくありません。

近年は、いろいろな働き方が提唱されています。

育児や介護で時短勤務しているスタッフに対して、よかれと思って
「あなたは出なくていいよ」

と言うことだけが、適切な判断ではないのです。

相手の希望に沿う答えを見つけるには、やはり聴く力が欠かせません。

先日、ある企業の管理職の女性から、

「多様な価値観や考え方がある時代だからこそ、こちらの思い込みで判断してはダメですね。本人に確認してよかった！」

という話を聴きました。

その女性には、2カ月前にキャリア採用した女性部下がいるそうで、彼女には5歳と3歳の2人の子どもがいます。小さい子どもが2人もいるのだから、出張は難しいだろうと思ったけれど、一度確認してみようと思い、

「○○さん、やはり出張は難しいよね？」

と尋ねてみたところ、

「え？　そんなことはないですよ。大丈夫です。むしろ行きたいです。前日に急に依頼されるのは難しいかもしれませんが、今回は2週間後の予定ですから問題ありません」

と言われたとのこと。つい自分の思い込みで、相手に確認せずに判断することはないか、わたし自身も省みる機会になりました。

自分は必要とされていないと思い始めると、いつもより反応が鈍くなったり、相談をしな

くなったり……と、コミュニケーションの仕方が変化していくこともあります。

とくに職場では、最初の相手のサインを見逃してしまったことで、気づいたら相手のモチベーションが下がっていた、辞める決断をされてしまったというケースも多々あるのです。

そうならないためにも、「おかしいな」と思ったときに、相手がどう感じたのか、どうしてほしいと思っているのかをしっかり確認できるよう心がけましょう。

相手を観察しながら心を通わせ合う

うわべだけのコミュニケーションをとっていると、相手の心が置き去りになってしまうケースがよくあります。手遅れにならないためには、些細なすれ違いの段階で気づけるよう、相手を深く観察して、気をつけていきたいところです。

コミュニケーションでは、相手が口に出したことに耳を傾けることだけが目的ではなく、相手の真意を引き出し、心を通わせ合うことも必要です。

聴くことは、コミュニケーションの手段のひとつなのです。

2. 傾聴の先に要約力がある

相手の話を整理しながら、話を引き出す

相手によっては、あちこちに話が脱線し、何を言っているのか自分でもわからなくなってしまう人がいます。こういったときには、聴き手が主導権を握り、相手の話を

「ここまでの話はこうだよね」

「こういう理解で間違っていないかな？」

と話を整理しながら、相手の話を引き出してあげましょう。

「いま、この話を知りたかったのかな？」

と言うと、相手も

「そう、そういうことです！」

と、何かしら答えてくれるはずです。

相手の話に耳を傾けつつ、相手が一番言いたかったこと、知りたかったことの主旨を整理

しながら聴く姿勢は能動的な聴き方に該当します。

　これはまさに、アクティブ・リスニングにあたる力でしょう。

相手の表現をむやみに変換しない

　話し手の話を整理するときのポイントは、なるべく話し手の表現を変えないように聴くことです。相手が使った言葉を、自分の思考のフィルターを通して変えてしまう人がいます。

　たとえば、研修にて受講者が、

「うまく怒りを表現できたら、思いを吐き出せるような気がします」

　と言ったことに対して、講師が
「それで、スッキリするということですよね」

　と言い換えたとしましょう。でも、相手は「思いを吐き出せるような気がする」と言ったのであって、「スッキリする」とは言っていません。

　これは実際にあった話ですが、案の定、話し手は
「いや、そこまでではなくて……」

と反応していました。

「そこまでのことは言っていない」

「そういう意味ではない」

と相手が思った時点で、心のやりとりは成立しなくなってしまいます。

言葉の置き換えには、十分注意しましょう。

真剣に聴くことで、要約力の土台ができていく

相手の話に真剣に耳を傾け、相手が何を言わんとしているのか、本当に聴いてほしいことは何なのかを引き出しているうちに、次第に要点をつかんで、相手の真意を頭の中で組み立てられるようになります。

これは、一言一句違わず暗記することや、相手の話をそのまま再生することとは違います。

その人の言わんとしていることをキーワードでつかむのは、コミュニケーションでとても有用です。相手の言っていることをしっかり聴いているうちに、要約力が自然と身について

いくはずです。

ただし、相手の言ったことを正確につかむことが重要で、自分のフィルターを通して言葉を変換したり、

「つまりこういうことかな」

「ああいうことかな」

と主観を混ぜてしまうと、どんどん話がずれてしまうので気をつけましょう。

正確な言葉・フレーズをつかむことはフィードバックでは必須

相手の話を正確に聴きとることは、フィードバックをするときにも必要なことです。

わたしはよく研修にて、ロールプレイング実習を実施することがあります。ロールプレイング実習では、事例を用いて実践することで、個人の課題、発言や対応の仕方の傾向を明確にすることができるので、実際の現場でも実践しやすいという声を多々いただきます。

このロールプレイング実習をさらに効果的にするには、フィードバックが適切であることが必須です。そのフィードバックでは実習に取り組んだ人の発した言葉、セリフを正確に確

認しつつ、

「〇〇さんの言った、□□というセリフは、△△と表現したほうがより相手に伝わりやすいと思いますがいかがでしょうか」

というようにアドバイスをします。

その際に、相手が口にしていない言葉、表現で返すと

「いえ、そんなことは言っていません（言葉は使っていません）」

と言われるでしょうし、相手の心にも響きません。

職場でも、誰かの発言に対して

「お客様に対しては、□□と伝えたほうがより相手に受けとめてもらいやすくなると思うよ」

「役員への報告では、□□という表現はしないほうが失礼にあたらないよ」

といったフィードバックをすることがあるならば、相手が言ったことを正確に聴き取り、すり合わせ、アドバイスできるよう、正確に聴きとることも重要です。

3. 自分が何を話すか考えながら聴いてはいけない

相手の話していることを集中して聴く

相手が話をしているときには、相手の話にとにかく耳を傾けることが不可欠です。

そうは言っても、会議やミーティング時に自分が話す順番が近づいてくると、何を話そうか頭の中に思い浮かべながら過ごしたり、手元の資料を見返そうとしたりしてしまい、話し手に意識を向けられないこともあるのではないでしょうか。

また、長時間、人の話を聴いていると、つい余計な思考が働いて、違うことを考えてしまうこともあるかと思います。

研修中に、受講者を指名して意見を求めたとき、

「あ、すみません。うっかりしていました。何についての質問でしょうか……」

というリアクションをされたのは、一度や二度ではありません。

長時間にわたって聴くことに集中するのは、エネルギーを要します。

対策としては、集中して聴かなければいけないとき、「傾聴！」「集中！」と意識してスイッチを入れるのがおすすめです。

奇をてらった質問はいらない

その場を盛り上げようとしたり、注目されようと思って、突拍子もないことをあえて言う人もいます。ところが、突飛な質問をすることで、質問された側が戸惑ってしまったり、「何を言ってるんだろう……？」と驚いて話が深まらなくなってしまうことがあります。

話を深めたいのであれば、わざわざ奇をてらった質問をするよりも、相手からより深遠な話を聴き出せるような、寄り添った傾聴やアクティブ・リスニングを意識するほうがおすすめです。

4. マンツーマンで話を聴く場合と、集団の場で話を聴く場合の違いとは？

マンツーマンの場合は、じっくり相手のペースやトーンに合わせて聴く姿勢をとりましょう。とくにオンラインの場合は、できるだけカメラの方向に目線が合うようにやり取りをする意識を持つのがおすすめです。

カメラの位置が影響しているのか、オンラインで相手の話を聴くときに、目線がまったく合わない人がいます。

頷きや、相槌を返すことはしているけれど、横を向いている姿しか見えないので、どんな表情で聴いているのかわからないという人もいます。

そうなると、人によっては不安を覚えることもあるでしょう。

わたしはオンラインでやり取りをする際、メインのパソコンの横にもう1台の記録をとるためのパソコンを置くことがあります。

画面越しの相手には見えていないので、

「こちら（右手側）のパソコンでメモをとることがありますので、時折そちらを向くのはそのためです。どうしてそちらを向くことがあるのか……と思う方がいるので、先にお伝えしておきます」

とお知らせすることがあります。

ファシリテーター役を務める場合には、全体を見渡してまんべんなく質問や投げかけができるよう配慮する必要があります。

5. こだわりの裏にある事情に耳を傾ける

人それぞれの「べき」がある

アンガーマネジメントでは、怒りは自身の「べき」が守られなかったときに抱く感情だとお伝えしています。「べき」は、理想、願望、期待、また、譲れない価値観を象徴する言葉です。人は、「約束の時間は守るべき」「失敗やミスをしたら、まずは謝るべき」といった、さまざまな「べき」を持ち合わせています。

ただ、どのような「べき」を大切にしているかは人それぞれです。自分にとっては、さほど気にならないことが、誰かにとってはかなり重要度が高いこともあります。

ですから、「○○すべき」と思うことに対して、なぜそれほど相手がこだわるのか、怒りを感じるのか、耳を傾けてみることも大切です。自分とは違う価値観に触れた際、

「え？　そんなことで？」

と言ってしまうことのないように、注意しましょう。

背景に事情のある「べき」は怒りにつながる

あるアンガーマネジメント研修にて、参加者それぞれの怒りのもとになる「べき」のなかで、重要度が高いものを共有するというディスカッションをしました。このディスカッションでは、怒りのもとになるであろう「べき」を挙げ、5段階で重要度のランクもつけていくものでした（5が最重要、1が一番重要度が低いものと判断します）。

そのとき、受講者のAさん（40代女性）が、

「『歩きスマホはするべきではない』が最重要であり、歩きスマホをしている人を見かけるとかなりの怒りが生じる」

　と発表したところ、グループのほかのメンバーたちから、

「歩きスマホをするのはたしかによくないけれど、赤の他人の場合は避ければいいし、さほど気にならないけどね……」

「そんなに重要度が高いこと？」

　といったフィードバックを受けたのですが、それらの発言を聴いているうちに、Ａさんの表情がみるみる間に強張り、

「なんで？　歩きスマホはわたしにとっては許せないのよ！」

　と声を荒らげたのです。そこで、わたしが介入し、Ａさんに、

「どの『べき』を重要視するかはそれぞれなので、差し支えなければ、Ａさんが重要視する理由もお話しいただけますか？」

　と尋ねたところ、数年前に、歩きスマホをしている人にぶつかられ、弾き飛ばされるという事故に遭い、その瞬間に車にぶつかって、命に関わる大事故になったとのこと。

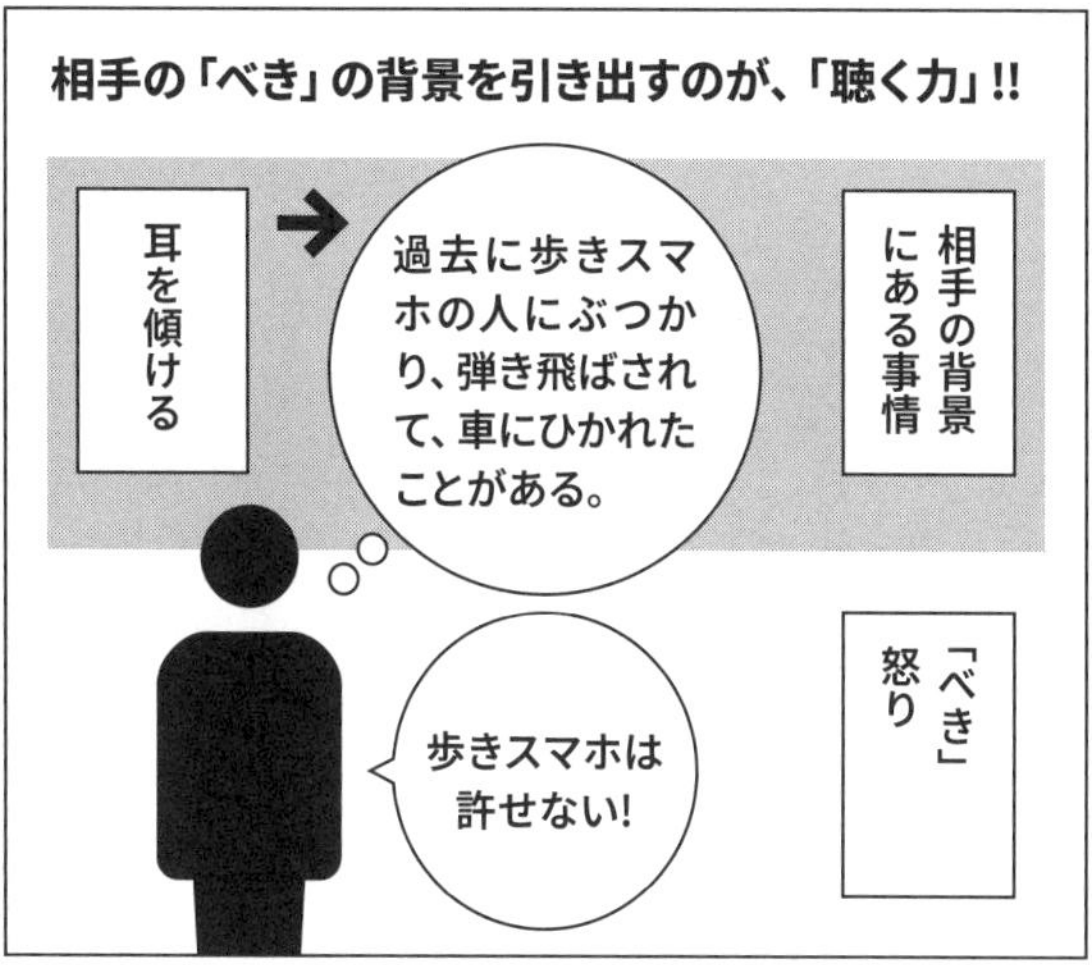

そのため、

- 歩きスマホをする人を見るたびに事故を思い出し、許せない気持ちになる
- 誰かに同じようなことが起きたら困ると思って、かなりの怒りがわいてくる

という思いを持っていたのです。

このように、その背景にある事情に耳を傾けてみなければ、なぜ大きな怒りにつながるのかはわかりません。つい、自分の経験値や基準で、

「たいしたことのないこと」

と決めつけてしまわないようにしたいです

ね。

「そんなことで怒るの？」

と不用意に発言することで、相手に不快な思いをさせてしまうことがあります。

本人にとってのこだわりの裏には、いろいろな経験や思いがあるのです。

これは、仕事の場面でもプライベートの場面でも言えることでしょう。

ですから、その背景についても理解できるよう、相手の話を引き出す「聴く力」が必要なのです。

相手の「べき」を認めることでわかり合える

先ほど紹介した、歩きスマホの話題が出たディスカッションでは、聴いていた人たちも、

「そうか、そんなことがあったら、さすがにこだわるよね」

「それは〇〇さんにとって重要な『べき』ですよね」

「そんなことがあったなんて、想像できなくてごめんなさい」

と謝っていました。Aさんも、まわりがわかってくれたことから少し落ち着いて、その場の雰囲気も変わっていったのです。

相手の価値観を理解することで、自分の価値観の幅も広がる

相手がなぜそれほど「べき」に対してこだわるのか、怒りを感じるのか。

繰り返しになりますが、この点をしっかりと聴く意識を持ちましょう。

なぜ相手にとって重要なことなのか、その理由を知ることが大切です。

相手の価値観だけでなく、その価値観の裏にある事情や背景を知ることで、より相手のことを理解できるようになると、Aさんのように、「わかってもらえた」という安堵感、安心感が生まれ、その場の心理的安全性も高まります。

また、聴く側にとっても、「それはこう捉えればいいよね」という自分の尺度や価値観の幅を広げることにもつながっていくのです。

しつこい怒りを何度も言ってくる人についても、同じことが言えます。

相手がかなり昔のことを持ち出して、

「そういえばあのときに、こんなことを言ったよね？（したよね？）」

と過去を引っ張り出して怒り出したりすると、「まだ引きずって怒っているの？」「そんな昔のことを怒らなくても……」「しつこいな……」とつい思ってしまうこともあるのではないでしょうか。

ただ、そこで不用意な発言をしてしまうと、

「しつこいなんてひどい！」

「どれだけ大事なことだったかわかっていない！」

とさらに相手が激高し、後味の悪い結末を迎えることに……。

何について、どこまで怒りを引きずるかは人によって違います。

過去のことであっても、なぜ怒っているのか、何をわかってほしかったのかが相手にうまく伝わらなかったことで、ずっと引きずって怒っている人もいます。

とくに身近な相手のときには、

「そうか。あなたにとっては、とても大事なことだったのだよね」

と受けとめつつ、耳を傾けてみてはいかがでしょうか。

6．24時間聴くことに徹してみる

自分次第で相手の反応が変わる

アンガーマネジメントのトレーニングのひとつに、「24時間アクトカーム」という手法があります。アクトは行動、カームは穏やかにという意味で、「24時間穏やかに行動する」という取り組みです。

行うことはシンプルです。24時間、何があっても、心の中にどんな感情が芽生えても、徹底して穏やかに振る舞うことを意識して24時間過ごしてみるのです。

試した人たちからは、次のような声が届いています。

「自分が穏やかに振る舞うことで、話しかけてくる人も穏やかな表情になったり、いつもよりもたくさん話をしたり、ときには職場のメンバーから『今日は何かいいことでもあったんですか？』と言われることもありました」

「自分の振る舞いが変わるだけで、こんなにも相手の反応が変わるなんて、普段どれだけ自分が不機嫌な表情をして、イライラしていたのかを自覚できました」

日頃、「話しかけやすい」「聴いてもらえそう」と、思ってもらえるような態度でいるかどうかを振り返るのもいいでしょう。

ぜひ一日意識して、違いを感じてみませんか？

自分が思っていたよりも聴けていないことがある

「24時間アクトカーム」を、「一日聴く」と置き換えて実施してみるのもおすすめです。

わたしも、一日徹底して相手の話を聴くことを意識して試してみたところ、話の長い人に対して、

「つまり、こういうことだよね？」と言いたくなったり、以前と同じ話をされたときに、

「あ、あの話ね」と口を挟みたくなった自分に気づきました。

さらに、自分が興味を持っている話に対して、「そうそう。わたしもね……」と自分の話をしてしまいそうになったのです。

このように、自分が普段無意識にしていることについては、気をつけないかぎり見過ごし

てしまいます。あなたも、

「今日は相手の話を徹底的に聴く！」

と宣言して取り組んでみませんか？

思った以上に、人の話を聴けていない自分に気づけるかもしれません。

人の行動改善は、気づくことから始まるのです。

7．耳を傾けることがダイバーシティの始まり

相手の話を聴く環境をつくる

Ｍ＆Ａを繰り返し、急成長している企業の人事担当者が、役員、管理職を対象としたアンガーマネジメント研修の最後に伝えてくださったメッセージを紹介します。

わたしたちの組織は、急成長をし、新卒はもちろん、さまざまなキャリアを持った人が年々数多く中途入社してきています。新たな価値観を持った人たちがメンバーに入ってくる

なかで、いままでの考え方、やり方に違和感を抱き、違う意見や提案を伝えてくる人もいて、ときにはぶつかることもあります。だから、わたしたちに必要なのは、お互いに耳を傾け合うことじゃないだろうか？

というメッセージを投げかけたところ、研修の参加者から

「お互いに一人ひとり考えていることを、いったん話し合う時間を設ける提案をしよう」

「各々の『べき』のすり合わせをしよう」

という声があがりました。

このように、聴くことの大切さをマネージャーからメンバーへ浸透させていくことは、チームの心理的安全性の向上や、ダイバーシティ推進に役立つはずです。

葛藤の多いチームでは、コミュニケーション面に不具合が起こる

従来から在籍する人たちと新しく入ってきた人たちとの間で葛藤が起きて、コミュニケー

ションがうまくいかないケースは多々あるものです。

「いままでこうだったんだから、こうやればいいんだよ」

「え？　でもそれって、こうしたほうがよいのでは？」

「いや、その通りやっていればいいんだ」

このような押し付けは、業務に支障をきたしてしまいます。

ある企業でマネジメント層の方々を対象とした研修を担当した際に、耳にしたことです。会社がさまざまな価値観を持った人たちを次々に採用していき、メンバーも増えていくなか、いままでのやり方に違和感を感じている人もいて、どうしたらいいだろうか……という話をした人がいました。

企業が「ダイバーシティ＆インクルージョンを進める」という大きなビジョンを掲げていても、現場で具体的にどう動けばいいのかというところまでは、意外と落とし込めていないものです。

早稲田大学大学院教授の谷口真美氏によると、ダイバーシティには、2つのタイプがあるそうです。

ダイバーシティの2つのタイプ

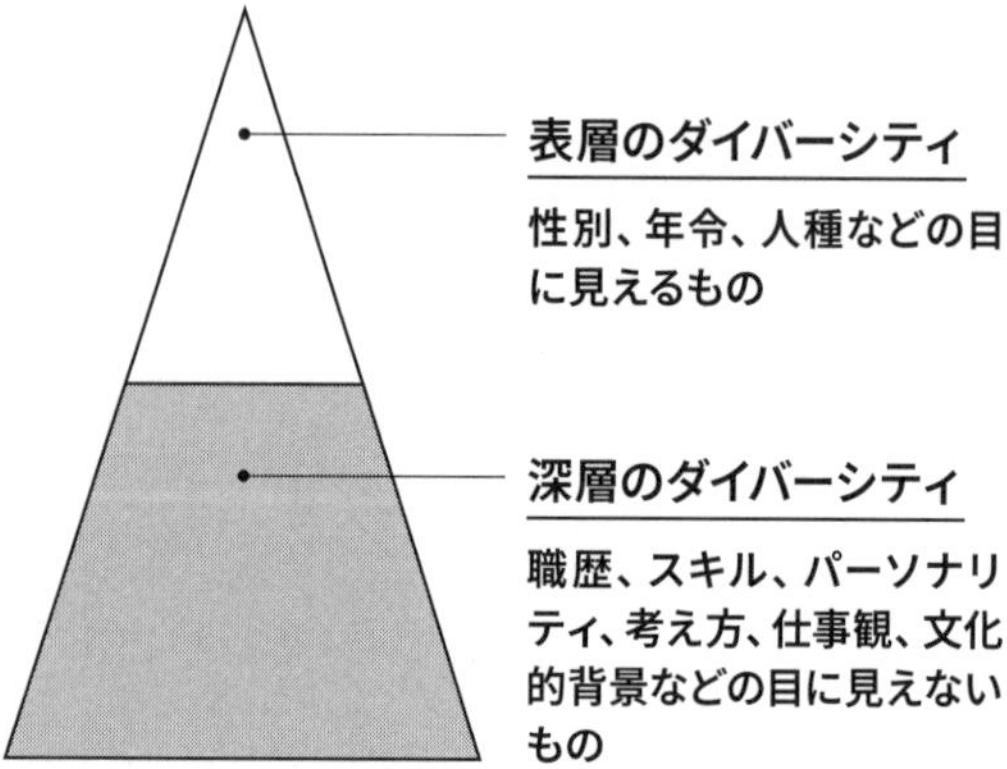

ひとつが「表層のダイバーシティ」、もうひとつが「深層のダイバーシティ」です。

表層のダイバーシティを進めることは、女性、外国人、障がい者といったマイノリティとされる人たちを雇用し、福利厚生等の制度を整備する取り組みにあたります。

そして、「深層のダイバーシティ」を進めることは、職歴、スキル、パーソナリティ、考え方、仕事観、文化的背景など、外側から認識できないような個性の違い、深層の多様性を、企業経営に結びつけようとする取り組みを指すそうです。

これらの話を聴きながら、深層の多様性を進めるスタートになるのは、「耳を傾けること」ではないかと思いました。

いままで通りのやり方やこちらの「べき」を押し通すのではなく、異なる価値観、背景を持つ人の話に耳を傾け、相手の「べき」を知り、認める。

これは、相手に迎合することではなく、新たな価値観が生まれることにつながるのではないでしょうか。

まずは現場で、相手の話に耳を傾けることから始めてみませんか？

8．アサーティブ・コミュニケーションには「聴く表現」も含まれる

相手の話を聴いていることを相手にも伝わるようにする

「アサーティブ・コミュニケーション」という言葉をご存じでしょうか？

ひと言で言うと、相手も自分も大切にした自己表現、自己主張のことです。

一見、自分の伝えたいこと、わかってほしいことを率直に相手に表現することだと受け取られやすいのですが、「相手の話を聴いている」と相手に伝わるように表現できることも含

まれます。

心理的安全性の実現を重視する組織も多くなったからか、

「どんなことでも、率直に発言しよう、発言してほしい」

と促すリーダーも多いのですが、そもそも「相手の意見に耳を傾ける」という土台がないと成立しません。

まずは、ポジションパワーのある人が傾聴を意識することで、チームメンバーが「ここでは意見に耳を傾けてもらえるんだ」という安心感を抱ける土台づくりの推進が求められています。

聴く姿勢を見せられているか

ある研修先の企業では、1年前に就任した社長（50代前半）が、

「何でも気づいたこと、提案があれば言ってほしい」

と投げかけてはいるものの、部下からはハードルが高いと思われていました。

それは、社長がいつも忙しそうで、何か報告するたびに、威圧感のある表情で

「もっとロジカルに、整理してから報告してね」

と返されてしまうからでした。このような反応では、いくら「何かあったら言ってくれ」

と言われても、発言できませんね。

とくにポジションパワーのある人ほど、

「あなたの話を聴きます。聴きたいです。聴いています」

ということを、威圧的でない形で表現する必要があるのです。

- 話しやすい雰囲気になっているか
- 普段の表情は怖くないか
- 声をかけられたときの表情は穏やかか

これらは、とくに意識したい点です。

「○○さん、ちょっといいですか？」

と不意に声をかけられたときの表情にこそ、素の状態があらわれるもの。

リーダーや上司の立場の人だけでなく、部下、若手の人も自分を振り返ってみてください。

仕事だけでなく、親子やパートナー関係でも、表情は重要です。

- 面倒くさそうな表情をしている
- いかにも嫌そうな顔をしている
- 目を合わせない
- こちらを向きもしない

このような反応の人に、相手が話しかけるのをためらうのは当然のことです。

話しにくいと思われないように、相手から呼びかけられた瞬間から、聴く姿勢を整えて接しましょう。

9．わかりにくい質問には、整理しながら返答する

相手の話を最後まで集中して聴く

講師育成の研修などをすると、研修時や講演時の質疑応答の時間への対応に不安を感じている人が大勢いることを実感します。過去にうまく回答できずに失敗したことがあり、質疑応答に対しての苦手意識があるという相談も、これまでに多々受けてきました。

苦手意識を持った状態で応対すると、質問を受けた瞬間から恐れと不安が心を占め、さらに相手の話に十分に耳を傾けられなくなり、余計に質問者が納得できない状況に陥ってしまうのです。これは、講師だけでなく、面談をする上司にも通じる話でしょう。

目の前の相手の言いたいことを理解する

まずはこの人が何を聴きたくて、何に困っているのかということに意識を向ける必要があ

ります。

「何に困っているの？」

「どういうことを聴きたいの？」

ということを理解しようとしながら相手と対峙しなければ、質疑応答はうまくいきません。

「早く話そう」「早く答えよう」「うまく回答しなければ」ということばかりに意識が向くと、相手の質問の意図を汲み取りきれず、的外れな返しになってしまうのです。

×「この人の質問にどう答えようか」

と思いながら聴くのではなく、

◎「理解しよう」

と思いながら、まずはしっかり聴くことに徹しましょう。

相手の質問内容の理解に不安があれば、

「〇〇というご質問ということでよろしいでしょうか」

と確認をしてみることも必要です。

質疑応答への苦手意識もあり、質問者に一歩踏み込んで聴けなくなってしまう人もいますが、その質問の背景なども聴かないと質問の意図が汲み取れないときもあります。

質問の意図がわからないときは、質問者に確認しながら進めていく

講義がうまくいったとしても、質疑応答が嚙み合わないことで、一気に参加者からの信頼を失ってしまうことがあります。

本当によくわからないことを言っている人に対峙した場合は、質問者に、

「○○さんのご質問を正確に理解して適切な回答ができればと思っていますので、いったん、確認しながら整理してもいいですか？」

と、尋ねてから整理し始めます。

「○○というご質問ですか？」

「こういうことがあって、○○というようなことがいま知りたいことでしょうか？」

というように、要約し、質問しながら相手が傷つかないよう話を整理しましょう。

「言っていることがよくわかりません」

と率直に返してしまう人もいますが、それでは相手を傷つけてしまうかもしれません。

「〇〇さんのご質問内容を正確に理解したいので、もう一回わたしが整理してもいいですか？」

といった声かけから確認する配慮も大切です。

10．パワハラ問題へと発展することもある

自分の価値観を基準にして発言すると、パワハラにつながることも

ある企業の営業部にてマネージャー職のBさん（50代男性）は、売上の数字の実績が高く、仕事熱心な人でもあるのですが、部下からは「パワハラをされた」という声が人事宛に複数持ち上がっていました。

Bさんは完璧主義で、自分にも相手にも厳しく、一度やると決めたことは、絶対にやるべきという主義の人です。そのため、部下に対して、「なぜ自分でやると言ったのにやらない？」「努力が足りないのではないか」といった気持ちを持っていました。

そこでBさん自身に振り返っていただいたところ、「部下にただ話を聴いてほしいだけだったのに、『ちゃんとわかっているのか。聴いているのか！』『なぜ、わからないんだ！』と語気が荒くなり、相手も詰められているように感じたのかもしれない」

と気づきを吐露されたのです。

人は誰もが、相手に「わかってほしい」と思うもの

Bさんの場合は、部下に、どういうところでつまずいて、なぜ結果が出なかったのか、困っていることはないのかを聴く必要がありました。

部下の声に耳を傾け、現状把握をし、どうすればいいのかを一緒に考えることが必要なはずだったのですが、「自分がここまでの地位を築くにあたって、努力を重ねてきた。やると決めたことは徹底的にやってきたからこそ、『何が何でもやるべき』という気持ちがかなり強く、それが当たり前だと思い込んで、押しつけていた」ということに気づいたそうです。

当たり前、常識、当然、普通という言葉が思い浮かんだら要注意です。

つい、自分の考えや価値観を「当たり前」「常識」だと押しつけ、相手の話に耳を傾けられなくなってしまうというケースを、数多く耳にします。

自分にとっては「当たり前」と思うけれど、相手にとってはそうとは限らない。まず相手の言い分にも耳を傾けようという姿勢を忘れずにいたいものです。

「相手のため」と思ってしたことでも、違う受け取り方をされることがある

Bさんは、そもそもとても熱心なやる気のある人なので、「いろいろな意見を自分の価値観で押しつけてしまったけれど、結局自分の話を聴いてほしかっただけだった」ということに気づいたあとは、なんとか変わろうと努力されています。

パワハラ問題にまで発展しなくても、よくマネージャー職の人から相談を受けると、

「わたしの話をちゃんと聴いてくれないんだよ、部下は」

という言葉が出てきます。

もし、そう願う気持ちを持っているのに、聴いてもらえていないと思ったら、

「果たして自分は、部下の話をきちんと聴けているのか？」

省みる時間が必要かもしれません。

自分の行動から、まず振り返ってみましょう。


自分の立場が高いと、先に要求を伝えることが多くなりがち

自分の立場のほうが高い場合、相手の話を聴くことよりも、先にこちらの要求を伝えることが多くなってしまいがちです。

じつは、これは過去のわたし自身にも言えることでしたが、子どもに対して、「お母さんの話をちゃんと聴きなさい」と言いながらも、忙しくて、逆に子どもの話をきちんと聴けていないときもあったのだろうなと思い返すことがあります。

子どもは「いや、だったらぼくの話だって聴いてよ」と思っていたかもしれません。

相手に話を聴いてほしいときほど、自分が聴けているのか、注意が必要です。

親や上司ほど、こちらの要求を先に伝えてしまいやすいので気をつけたいところです。

11. 相手の話に勝手な解釈を加えない

言葉を変えることで、相手を傷つけてしまうこともある

以前にもお伝えしましたが、話を聴くとき、相手の話のポイントを繰り返し聴くのはいいのですが、自分の言葉や勝手な解釈、ときには自分の考えを相手が言ったかのように返してしまう人がいるので注意しましょう。

相手が言った通りの言葉で「○○ですね」「○○ということですね」と返さずに、自分のフィルターを通して違う言葉や、自分の解釈で返してしまうと、それによって、相手が違和感を覚え、

「そんなことは言っていない。正確に理解してもらえていない」

と不信感を抱いたり、ときには傷つけてしまうこともあります。

研修中に、ある40代の女性Cさんが、同じグループのDさんに、「人前で話すとき、かなり緊張してしまって、うまく話せなくて。それで、あとで、あ〜あ、また話せなかったな

……って落ち込むことがあるんですよね」

と伝えたところ、Dさんが、

「緊張しすぎてうまく話せないことがあるんですね。それは情けないって思いますよね」

と返したところ、Cさんは、

「……ですよね。情けないですよね、わたし……」

と涙ぐんでしまいました。

Cさんは「情けない」という言葉を使っていません。聴き手のDさんは共感したつもりだったのですが、自分の意見を乗せて言葉を返したことで、寄り添うどころか傷つけてしまったという事例です。

相手を傷つけてしまった場合は、すぐに訂正しフォローすることが必須

このときは、わたしが介入し、

「Cさんは、大勢の前で緊張して落ち込むことがあるということをわかってほしかったのだとわたしは理解しましたよ。もしよければ、どんな気持ちになって、どうしたいのかという

ことを、研修後に時間をとるのでお聴きしましょうか？」

と言って、研修後に個別にお話をお聴きすることにしました。

Cさんにしてみれば、言っていたことに対して、「それは情けないことだ」と言われてしまったため、「こんなに落ち込むことも、緊張して話せないことも情けないことなのだ」と思い、涙が出てしまったのでした。自分でも気にしている悩みについて引っかかる言葉を返されたとき、たとえワンフレーズであったとしても、傷ついてしまうものなのです。

そのほかにも、相手に勝手な解釈をされたことで、

「わたしはそんなことまで言っていないし、そこまで言わなくてもいいじゃないですか！」

と、怒り出す人もいます。

基本的には、相手が言ってきた言葉をそのまま返すようにしましょう。

言葉をすり替え、自分の感じたことを無意識に差し込んでしまいがちな人は、日頃から注意を払い、もしそのような発言をしてしまったときにはフォローが必要です。

違う言葉で言い返してしまったことに気づけたら、すぐに

「失礼しました。言いたかったことはこうですよね」

と訂正しましょう。

「ごめんなさい。いまの言葉は、わたしの勝手な解釈でしたね。○○さんが言っていない言葉でした」

「つまり、こういうことだったんですよね」

このように言い直して、相手の言葉に戻ることが大切です。

仕事でもプライベートでも、コミュニケーションのすれ違いが起こったときには、できるかぎりその場で解消することを心がけたいものです。

12. 平常心になれないような相談事を持ちかけられたとき

聴いているだけで、あまりにもショッキングな相談事を受けることもあります。

たとえば、幼少期から父親に性的虐待を受けていたというケースなどは、仕事として聴いていても、平常心でいられなくなってしまいます。

聴き終えたあとに、後々まで引きずってしまうこともあるのです。

ショックすぎる話を聴いたとき、「この話をひとりで抱えるのは難しい」と思うなら、心を立て直すためにカウンセリングを受けることも、選択肢として考えてはいかがでしょうか。

性的虐待や暴力、生死に関わるようなショッキングな話を聴いて悶々と考えてしまい、つらいという人もいました。聴いたあとでショックを受けたり、ストレスを抱えてしまったなら、誰かに打ち明けることもひとつの選択です。

話題が守秘義務のある仕事のことであっても、誰のことを言っているのかわからないようにすれば、問題にはなりません。

自分の心身を守るために、第三者を頼ることもよしとしましょう。

自分自身の心の安定を守ることも大事なことです。

ポイント

☑質問を聴くときの心構え

×「何かその人のためになることを答えてあげよう！」「どう答えたらいいか……」

◎「この人は何に困っているのか？　本当は何を知りたいのか？」「この人のことを理解しよう」

☑話が脱線してしまうとき

- 聴き手が主導権を握り、相手の話を整理し、話を引き出してあげる
- 相手の話に耳を傾け、相手が一番言いたかったこと、知りたかったことの主旨を整理して聴く姿勢がアクティブ・リスニングの実践になる

☑「〇〇すべき」というこだわりの裏にある事情に耳を傾ける

- 「そんなに重要度が高いこと？」と決めつけず、背景にある事情まで尋ねてみる

☑「24時間アクトカーム」

- 1日怒らない日をつくる、というアンガーマネジメントの手法
- 応用で、1日「聴くこと」を意識する日をつくるのもおすすめ

第4章

仕事の現場で
アクティブ・リスニングを活かす

1．立場が違う相手と、うまくコミュニケーションをとるには？

アクティブ・リスニングで大切なのは、心の中で対等に向き合うこと

前にも説明しましたが、相手も自分も大切にした自己表現・自己主張のことを、アサーティブ・コミュニケーションといいます。

スキルを身につけることも大切ですが、立場やキャリアの違いがあったとしても、心の中では対等な姿勢で向き合えるように、考え方・思い・感情も含めて率直に伝えることが重視されています。

こんなことはありませんか？

相手が自分よりも立場が下、年次が下、キャリアが浅いという場合に、自分と相手の意見が違うと、つい相手のことを心の中で見下して、自分のほうが成功体験を積んでいて正しいと思い込んでしまう。

「そんなことはできるはずがない。うまくいくはずがない」

「それは難しいね。無理だろうね」

とバッサリと言い放つ。

ほかにも、聞き流す、話を途中で遮る、真剣に耳を傾けない。さらには、

「こちらの言うことを黙って聞いていればいいのに」

「何をおかしなことを言い始めるんだ」

と苛立ちをあらわにしてしまう。

もしこういったことがあるなら、要注意です。

アサーティブ・コミュニケーションや、アクティブ・リスニングでは、その反対に、相手を尊重し、耳を傾け、たとえ同意できなくても、理解を示すことに取り組みます。

そして、どうしてそのような意見や提案をしてきたのか、その背景にある考え、理由にまで耳を傾けるのです。

実際、このようなケースもありました。

「新たな取り組みとして、こんな事業をやってみたいと思うのですが……」

と部下が行ったことに対して上司が、

「ダメダメ。そんな案じゃ利益なんて出ないに決まっているんだから」

「いや、言っていることはわかるんだけどね、詰めが甘いよね」

と切り返してしまい、それ以降、部下から相談されることがなくなってしまったそうです。

このように、詰めが甘い、それは難しいと思った場合には、たとえば

「○○さんは、そんなふうに考えているんだね。実現するには利益面まで検討したほうがいいね。そこも含めてどう考えているか、教えてくれないかな」

と、一度相手の考えを受けとめ、耳を傾けてから「それについては」と自分の意見を伝えたほうが相手も聴き入れやすくなります。若手社員の方々を対象にした研修では、

「上司が最後まで話を聴かないで、否定してくるんです……」

という相談も多く寄せられます。

返答の仕方は、上司が思っているよりずっと影響があるものなのです。

合わない考えに、無意識に耳を塞いでいないか

また、大手企業役員のCさん（50代男性）は、経験を重ねてきたことで

「こういうときには、普通こういうやり方をすべき」

「こう考えるのが当たり前」

とつい無意識に思ってしまう、と振り返り、次のような話をしてくださいました。

自分と違う考えや意見、提案には耳を傾けようとは思うものの、いままでの経験があるがゆえに、自分よりも経験やキャリアの浅い部下の話となるとつい、

「なんでこんな提案をしてくるのかな。うまくいくはずがないのに」

「いままで通りにやっていればいいのに」

と思って、話を途中で遮ってしまうとのことでした。

自分と対極の意見・考えや、まったく異なる価値観を持つ相手の話についてはおもしろいと思い、興味深く耳を傾けられるものの、少しずれている程度の相手の話には、耳のシャッターがピシャリと閉じてしまうということは、ほかの人にも見られます。

Cさんは、

「どうせこれ以上聞き出しても、たいした話ではないと思ってしまう」

「聴くに値しないことしか言わないだろう。聴くだけ無駄だと感じてしまう」

と、自己開示しながら話してくださいました。

物事をスピーディーに進めなければならない経営者・マネジメント層の人ほど、スピードが重視されるので、なおさら相手の話を最後まで聴くことができないという人もいるようです。

Cさんは研修後、

「別途時間をとって、なぜそう考えたのか（そのやり方をしたのか）を尋ね、こちらの意図も伝え、すり合わせる対話ができればよかったかな」

と話していました。

立場が違うからこそ、心でも態度でも相手と対等な姿勢で向き合うことを、心がけたいものですね。

聴き手の反応によって、相手のやる気にも差が出る

少し仕事の話からは逸れますが、聴き手の切り返し方によって、話し手のやる気が左右されるということを、親子の対話の例で解説します。

わたしのもとには

「子どもが自分の意見と違う場合に、つい頭ごなしに否定してしまう」

という相談も多く寄せられます。頭ごなしに否定してしまうのは、親として、

「こうあってほしい」

「自分のほうがモノをよく知っている」

「子どもは大人の言うことを聞いておいたほうがいい」

といった思いがわくからです。

では、具体的にどんな言い方をすればいいのでしょうか？

（例）子どもが「将来、宇宙飛行士になりたいんだ」と言ってきたとき

×「何を言っているの？　そんなの無理に決まっているじゃない」

○「宇宙飛行士になりたいのね。どうしてそう思ったの？」

(例) 子どもが「部活（お稽古事）をやめたい」と言ったとき
×「途中でやめるなんてダメだよ。飽きっぽいわね！　長く続けなくちゃ！」
○「やめたくなっちゃったんだ。どうしたの？」

いかがでしょうか。

後者のように、一度子どもの主張を受けとめると、子どもも「自分のことを尊重してくれた」という思いを抱き、その後の話し合いでこちらの言うことにも耳を傾けやすくなります。

これは、子育てに限らず、上司部下という仕事の関係でも同じことが言えるでしょう。自分と意見が異なったとしても、いったん受けとめて、自分の考えをプラスするというスタンスを心がけたいものです。

立場が上の相手でも一歩踏み出して聴いてみる

一方、相手よりも自分のほうが立場が下、キャリアが浅いという場合、

「こんな質問をしたら、馬鹿だと思われるかも」

「こんなことを聴くのは失礼なことなのではないか」

という思い込みを持っている人も多く、わからないことや疑問点をそのまま流してしまうということも多々耳にします。

「〇〇については経験がなくわからないので、教えてください」

と質問したからといって失礼になったり、馬鹿にされるとは限りません。

また疑問点についても

「なぜこのやり方ではダメなのか、教えていただけないでしょうか」

と質問することは、決して相手と対立することではありません。

むしろ確認しないまま進めてしまうことでの弊害もあるでしょう。

また、上司の言うことと違う意見を持つのはいけないことではないかという思い込みを持ち、

「こういう意見はどうでしょう?」

と相手に尋ねることすら躊躇してしまうという人もいます。相手が自分よりも経験豊富で立場が上だからといっても、相手の発言や提案がすべて正しいわけでもありません。

もし躊躇してしまうときには、思い込みの影響を受けていないかを振り返り、一歩踏み出して聴いてみませんか?

2. ネガティブな報告にこそ耳を傾ける

ネガティブな報告でも、情報共有してくれたことに感謝する

部下から上司に対し、ネガティブな内容の報告はしづらいものです。そのようなときに、上司の立場にあたる人が、部下が言ってくれたことに対して、

「情報共有をしてくれてありがとう」

と感謝をしながら耳を傾けるだけで、空気が変わってきます。

部下がクレームのようなネガティブな内容の報告をしてきたとき、

「なんでそんなクレームを受けたんだ？」

「どうしてそんな失敗をしたんだ。ありえないだろう」

と怒ってしまうことはありませんか？

上司がそういった威圧的な反応をしていると、部下は怒られるのを避けるために、重要な報告を躊躇するようになり、ひどいときには隠蔽してしまうこともあるのです。

ネガティブな報告であったとしても、それを受けていち早く対処しなくては、問題がどんどん大きくなっていきます。

今後、同じトラブルやクレームを起こさないために、チームとしては解決策にいち早く取り組まなくてはいけません。

それにもかかわらず、情報を持っている部下に「こんなことを言ったら、怒られるかもしれない。責められるに違いない」とためらわれてしまったら、その代償は、結果的に上役側に返ってくることになり、最悪の場合、組織の信用を落とすことにもつながるでしょう。

だからこそ、どんなにネガティブな内容の報告であっても、

「報告してくれてありがとう」

「言いにくいことを、勇気を持って共有してくれてありがとう」

と、感謝する姿勢で耳を傾けましょう。

報告しづらい空気感は、チームの閉塞感にもつながってしまう

実際に、現場からは

「上司に怒られるのが怖くて、『お客様からクレームを受けた』といったネガティブな情報が報告できない。結局、閉塞感が漂うチームになってしまっている」

という相談が、業界を問わず寄せられます。

「怒られるから余計なことを言えない」という環境は、組織にとってマイナスにしかなりません。いいことはもちろん、ネガティブなことこそ隠さずに報告し合える環境をつくっていきましょう。

3. ネガティブな話を聴くときに意識すべきこと

共感はするが、同情はしない

仕事の現場でネガティブな相談を受けることはあるでしょうか？

相談者の悲しい出来事、ひどく落ち込んだこと、絶望的な気持ちに耳を傾けるとき、共感するのはいいのですが、同情するのはおすすめできません。

理由は、同情することで、対等の立場でないスタンスになってしまうからです。

同情は相手のことを、かわいそうと思ったり、哀れんだりすることです。

同情されると、人は「自分はかわいそうな存在だと思われている」という気持ちに陥り、なかには「相手から見下された」と受け取ってしまう人もいます。

つまり、同情されても、話をした人の心は軽くならないのです。

だからこそ、ネガティブな話を聴く際、聴き手は相手に寄り添いながらも、フラットな気持ちで聴くスタンスでいましょう。

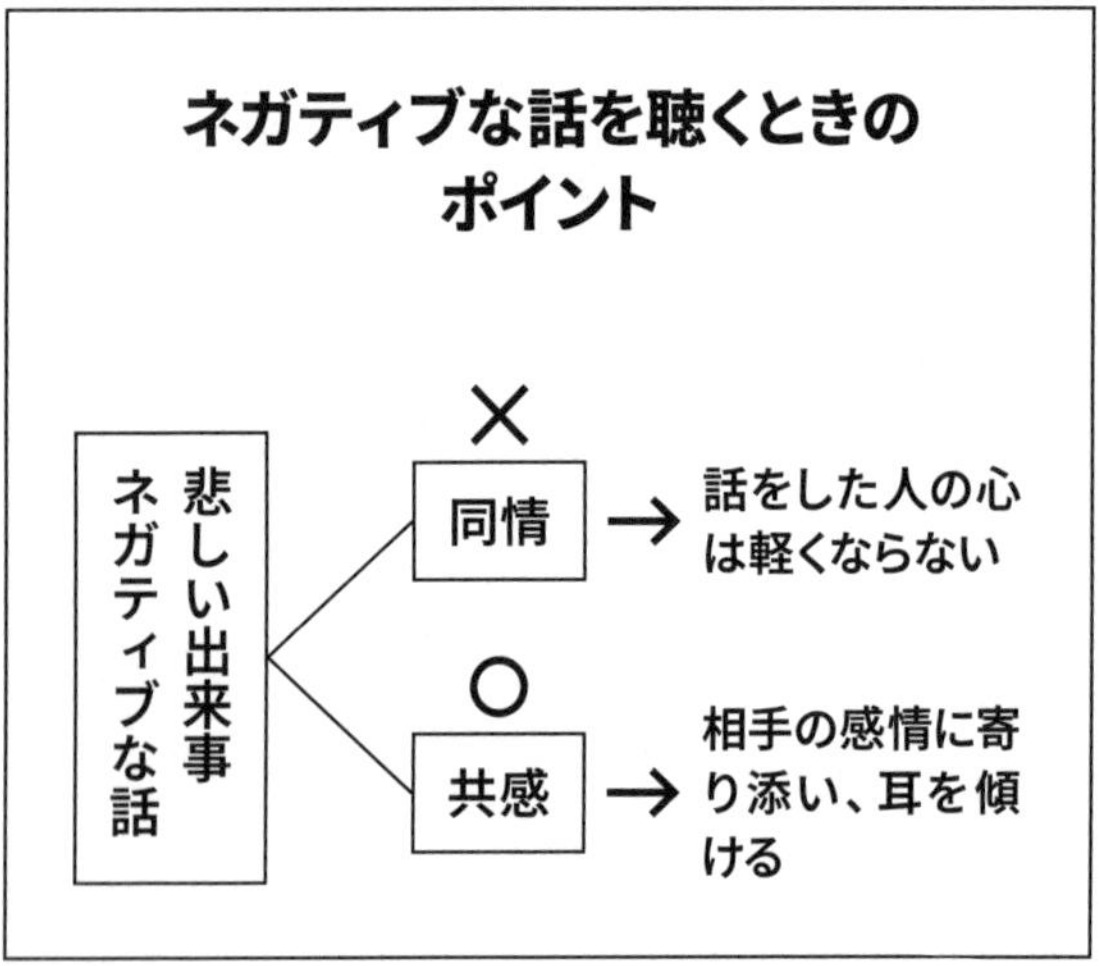

ネガティブな話を聴くときのポイント

とくに、部下からネガティブな内容の相談を受けるときには、「〜のように感じたんだね。それは大変だったね」と共感しつつ耳を傾けましょう。

相手を励ますよりも耳を傾けること

職場でネガティブな内容の相談を受け、なんとか励まそうと思い、相手の話に十分に耳を傾けず喋りすぎてしまったという話も耳にすることがあります。

ある研修にて、課長職の方から研修後に質問されたことがありました。

部下から、

「相談があるんです。この仕事、やっぱり向いていないと思っていて……。だから今後、どうしようかと思って……」

　または

「この仕事、やめようかと思っているのですが……」

と言われ、なんと言っていいのか困ってしまった。とっさに、

「そんなことを言わないで。○○さんは頑張っているし、向いていないなんて思わないで。わたしだってそんなふうに思ったこともかつてはあって……」

　などと話し続けたところ、相手が黙ったまま。最後には「もういいです……」と話が終わってしまった。あのとき、どう対応すればよかったのかという内容でした。

「この仕事が向いていないと思ってしまったんだね。どうしてそう思ったのか、もしよかったら聴かせてくれるかな」

　と相手の話を受けとめ、その背景や相手が思っていること、話したいことに耳を傾ければよかったと、その方と振り返りました。

「相談があります」と持ちかけられたら、まずは相手の話に耳を傾けることに徹しましょう。

ネガティブなフィードバックを受けたときほど、素直に聴く

では、自分自身に対してネガティブな指摘を受けたときは、どうしたらいいでしょうか？まずは、素直な気持ちで、相手の言葉を受け取りましょう。

攻撃的な態度をとったり、「でも」「だって」とはね返したり、まったく話を受け入れない態度をとったりしていると、自分自身の成長を阻んでしまうことになります。

ネガティブな指摘を受けたときの姿勢や聴く態度は相手によく見られており、印象にも残るものです。

逆に、耳が痛くても素直にしっかり受け取る姿勢が、「もっと関わってあげよう」「もっと成長のためのサポートをしよう」という相手側からのポジティブな印象に一役買うこともあります。

それができずにいると、「面倒くさいからもう関わりたくない」と思われて、その後の関係性が薄くなっていき、大事なところで何も言ってもらえなくなったり、助けてくれる人がいなくなってしまうことになるのです。年齢や立場が高くなるほど、指摘してもらえる機会は減っていくので、十分に注意したいところです。

ネガティブなフィードバックを受けたとき、傷ついたり、ショックを受けたりすることもあると思います。一瞬落ち込むこともあるかもしれませんが、それでも、まずは最後まで相手の話に耳を傾けるようにし、すぐに反論したり、誰かを責めたりするような発言は控えましょう。

その相手に対して、イラッとした反応を示さずに、

●現状ではどこがいけなかったのか
●どう思われたのか
●本来どうすべきだったのか

という点に焦点を合わせ、相手が言ったことに対して耳を傾けます。

何か伝えなくてはいけない事情がある場合でも、まずは相手の話を最後まで聴くことが大切です。そのあとで、

「じつはこれには○○ということがあって……」

という順番で話をしていくようにしましょう。

上司の立場であっても、部下からフィードバックを受けることもあります。

とくに上司の場合、フィードバックに対してどのような受けとめ方ができるかによって、自分の器の大きさが試されます。

4. 指摘を受けたとき、ときには謝る姿勢を持てているか

「謝ったら死んじゃう病」にかかっていないか

人から指摘をされたとき、ときには謝ることも必要ですが、頑なになってしまう人もいます。

先日、ある対談をした際に「謝ったら死んじゃう病」が話題になりました。

ミスを指摘されたときに、「ごめんなさい。悪かったね」と言ったら、自分のプライドがズタズタになって、死んでしまうような気持ちになるという人がいるそうです。

対談を聞いていた人からも「いるいる！」という反応が多数寄せられて、とても盛り上が

りました。

厄介なのは、部下が自尊心の高い上司に対して、

「え？　これって、こうではなかったですか？」

と指摘したとき、

「いいから。うるさい！」

と、上司が上から叩きのめしてしまう場合です。

謝ることは、自尊心を傷つけられることではありません。

「謝ったらメンツが潰れて恰好悪い」

「部下に謝るようなことをするなんて情けない、恥ずかしい」

と言って素直に謝れない人のほうが、よほど恥ずかしいと思いませんか？

それでも、年代を問わず、誰かからミスを指摘されたとき、

「でも、○○さんがこう言っていたので」

「え？　そんなことは聞いていません」

「ほかの人もやっていますよね？」

と謝ることなく、攻撃的に言い返してくる人もいます。

こういった人は、自分に対する間違いの指摘やネガティブなフィードバックを素直に受けとめられない人なのでしょう。長期的に見たときに、人間関係において、多大な損をすることになります。

素直に聴く姿勢によって人望を得ている部長の例

新入社員の育成担当者からはよく、「こうしたほうがいいよ」と指導したときに、

- 素直に耳を傾け、お詫びができる人
- 誰かのせいにしたり、言い訳ばかりする人

がいて、どんなに優秀でも素直に耳を傾けてくれる人に好意を持つという話を聴きます。

これは若手に限る話ではないと思います。

わたしが研修先で出会った、部下の信頼を集めている部長のエピソードをご紹介します。

彼の場合、普段の仕事ぶりはもちろん、失敗も改善点も素直に認める潔さが、信頼される大きな要素でした。

部長である自分の意見より、部下のほうがよい意見を提案したときには、素直に耳を傾け、ちょっと怒りすぎてしまったときには、個別に

「さっきは言いすぎたよ。悪かったね」

と謝るのだそうです。

頑なに自分の失敗を認めない人より、むしろ認める人のほうが、多くの支持を集めるということがよくわかりますね。

「人に迷惑をかけたくない」

と言う人はいますが、人間は誰でも、間違えたり、失敗したり、まわりに迷惑をかけることがあるものです。誰にも迷惑をかけずに生きていくことはできません。

大前提として、このことは知っておきたいことです。

そのうえで大切なのは、失敗してしまったとき、その失敗を認め、迷惑をかけた人にお詫びができること。

謝罪は「してしまったこと」に対してするもので、決して自分を否定することにはなりません。自分の価値を下げることではないと理解できたら、行動も変わっていくはずです。

クレーム対応でファンがつくこともある

お店の接客でお客様からクレームの連絡があったとき、店舗側の対応が迅速かつ的確であれば、そのお客様がお店のファンになるという現象が起こります。

これと同じように、いち早く誠意のあるお詫びができると、たとえミスをしても逆に評価が上がることになるのです。

真のプライドを持っている人は、そのことがわかっています。

謝罪したとしても、自分の価値が下がらないことを知っているので、潔く頭を下げることができるわけです。

クレーム対応に慣れているベテラン層にとっては当たり前のことかもしれませんが、とくに新人の場合、クレームを受けた際にどういった対応をすべきか、わかっていないケースが多々あります。自分がミスしたときにはもちろんですが、ほかの人に落ち度があった場合で

も、会社の代表として
「このたびは、ご迷惑をおかけして申し訳ありませんでした」
と謝罪する、この初期対応が、今後を乗り切る鍵を握ります。
新人に限らず、意外とできていない人が多いので、チーム内でも共有し、心がけていきたいものです。

5. クレーム対応をするときの留意点

相手のクレームに耳を傾けて解決方法を探る

前項でクレームについて少し触れましたが、クレーム対応時こそ、アクティブ・リスニングのスキルを発揮したいところです。

相手がクレームを言うときは、不満を抱えたり、不愉快な思いをしたりしているということ。相手がネガティブな感情を持っているときには、怒りをぶつけてくることもあるので、まず初期の対応として相手の話にお詫びをしつつ、耳を傾けます。

クレーム対応をするときの留意点

❶ 誠意あるお詫び

＋

❷ 相手の話を真摯に聴く

当然、こちらに非があると判断したら、すぐに「大変申し訳ありません」と誠意のあるお詫びが必要です。

そして、クレームを言っている人が、

- 何が原因なのか
- そのときどんな状況だったのか
- どのような気持ちになったのか
- 今後どうしてほしいと望んでいるのか

ということを把握するために耳を傾けましょう。

その後、こちらとしてどのような提案ができるのか、解決方法に話を持っていくという段取りで進めていくのです。

ただ謝るだけでは、さらなるクレームになることもある

　クレーム時、ひたすら「申し訳ありません」と謝り倒すだけになっていませんか？

「申し訳ありません」と何度も繰り返し言うだけでは、本当に悪いと思っているのか、早く終わらせようと思っているのではないかと思わせ、さらに不快感を与えてしまうケースもあります。


　また商品に何らかの欠陥があった、こんな失礼な対応をされたとお客様から言われた瞬間に、

「本当に申し訳ございません。今後は〜のように対応します」

「では、交換します。今度このようなご提案ができます」

　とすぐに解決策を提示すると、

「ちょっと待って。わたしの話をちゃんと聴いてないよね」

「早く片づけようと思っているよね」

と、さらなるクレームに発展してしまうことも……。

まず、初期対応で大切なのは、相手の話に耳を傾けることです。

先ほどお伝えしたように、「何が原因で、どのような状況で、どのような気持ちを抱え、どうしてほしいと相手が望んでいるのか」を把握できるように耳を傾けましょう。このステップを忘れて飛び越えると、「わたしの話をきちんと聞いてくれなかった」という2次クレームが起きてしまうこともあるのです。

お客様からの要望を１００％叶える提案ができなかったとしても「この担当者はひとまずわたしの話を真摯に聴いてくれた」「誠意をもって聴いてくれた」と思ってもらえれば、相手の気持ちも静まり、満足するケースもあります。

その逆に、十分に話を聴かないまま解決策や提案をして火に油を注がないよう注意しましょう。

お詫びの言葉は事実確認ができてから伝える

クレームを言われたときに、絶対にこちらに非があるとわかるケースがあります。

たとえば、壊れた商品を見せられ、明らかに「これは欠陥品だ」とわかるときや、お客様が何分も待たされているときなどです。

その際は、即座に「大変申し訳ございません」とお詫びをすることも必要ですが、一方で、事実確認をせずに、むやみに謝ることで、あとからトラブルにつながるケースもあります。たとえば、

「病院で処方された薬を飲んだら、具合が悪くなった。処方を間違えて出したよね」

と患者からクレームを言われたときに、

「大変申し訳ございません」

とすぐに返してしまったら、「病院側が間違った薬を処方したことを認めた」と受け取られるかもしれません。

でもこれは、事実確認をしてみなければわからないことです。

その他のケースでも、相手の勘違いによるクレームだということもあるので、まずは

「恐れ入ります。もう少し詳しくお話を伺えませんか？」

「申し訳ありませんが、もう少しこの件に関して、事情を伺ってもいいですか？」

と聴く姿勢を示し、どんなことがあったのか、事情を聴くよう切り替え、むやみに謝らないことも大切なことです。


ただ、むやみに謝らないほうがいいとはいえ、言葉遣いには配慮が必要です。


「それは○○様の勘違いだと思います」

「お客様の思い過ごしです」

「そんなはずはないのですが」

といった、相手のせいにする表現によって、

「クレームを言ったら、逆にこっちが責められた！」

といった、新たなクレームが発生してしまう可能性があるので要注意です。

言葉や相槌でお客様を怒らせることもある

第2章でも触れましたが、相槌に使うには難しい言葉があります。

「そうですか」もそのひとつです。

相手が怒っているときや不快な思いをしているとき、何かクレームを言ったときに、

「あ、そうですか」

と言った瞬間に、

「『そうですか』じゃないよね。そういう他人事みたいな反応、やめてくれないかな」

と、逆に怒られるケースがコールセンターでありました。聴き手にはそんなつもりはなくても、表情や態度が見えない電話では、よほど気持ちを込めないと心がこもっていないように聴こえてしまう可能性が高い相槌となってしまいます。そのほかにも、「はぁ」という気のない返答や「はい、はい」という単調な相槌の繰り返しも、さらに相手を怒らせます。真剣に聴いていないように聞こえるからです。

こういった言葉の使い方にも、気を配る必要があるでしょう。

逆に、クレーム時にも有効なのは、共感です。

「かなり待たされたんです」

と言う相手に対して、

「そうですよね……。本当にお待たせいたしました」

「お待ちになっている間、不安な思いをされましたよね」

というように、本当に申し訳ないというこちらの思いと、相手の感情に共感を示す言葉を入れるといいでしょう。

相手の話した大事なポイントを復唱する

クレーム対応のときは、相手の感情のボルテージが上がっていることがあります。

感情的になっている相手の話を聴くときには、共感だけでなく、相手の話の大事なポイントを繰り返すことも有効です。たとえば、

お客様「ずっと、午前中に荷物が届くから待っていたのに！」

こちら「そうですよね。ずっとお待ちいただいたんですよね」

お客様「3時間も待っているんだけれど！」

こちら「3時間も申し訳ありません」

と、大事な話のポイントを繰り返すと、この人はわたしの話を間違いなく正確に聴いてくれているなと相手も把握できます。さらに、自分の言った重要なポイントを相手の口から耳にすることで、自分の言ったことの確認にもなります。

このやりとりのなかで、お客様もだんだん冷静さを取り戻していくのです。

クレーム対応時、とくに相手の怒りのボルテージが高いときは、共感の相槌をして、相手の話の大事なポイントを復唱し、確認しながら、繰り返し聴いていくことが大切です。

6. 交渉時に相手の話を聴くときのポイント

交渉時は、まず相手の要求を理解することから

交渉は、相手の要求とこちらの要求が一致せずに食い違うことから始まるコミュニケーションです。

交渉時、主張するだけではなく、相手の話に十分耳を傾けているでしょうか？

自分の要求と相手の要求が食い違っているとき、つい、

「おっしゃることはわかりますが……」
「いや、そうは言っても……」
「ですが……」

と否定的な反応をとってしまうという人もいます。

こちらが反論したり、否定的な言葉を使ったりすることで、相手は

「この人は、わたしの話を結局一度も受けとめてくれなかった」

という印象を抱くものです。

「あなたの言うことは正論だとは思うけど、一方的に主張し、こちらの話を理解しようともしない人の話には耳を傾けたくなくなった」

と相手を不快にさせ、交渉がうまくいかなかったというケースもあります。

交渉時は、とくに相手の話に対して、同意はできなくてもいったん、「～ということですね」「～してほしい、ということですね」

と理解したことを示す。そして最後まで聴く、という姿勢が大切です。

交渉時にも、アクティブ・リスニングが活きる

交渉の場で何かを要求されたとき、なぜ相手がそのことを求めてきたのか、理解できていることが重要です。ですから、相手の話を受けとめたあとは、

「こういった理由から、こうしてほしいということですね」

「この条件を受け入れてほしいというご要望なのですよね」

と質問して、相手の話を確認していきましょう。

「この条件については、どうしてそのように思われたのか、事情などもお知らせいただけませんか？」

「こういった納期で取り組んでほしいというご要望を伺ったのですが、それはどういったご事情があってのことでしょうか？」

このように聴こうとする姿勢を持つことが、スムーズな交渉につながります。

7. 思い込みにとらわれず、耳を傾ける

言い訳と判断する前に耳を傾ける

管理職の方々を対象にしたアンガーマネジメント研修にて、どのようなときにイラッとするかと尋ねると、

「部下に注意を促したり指導をする際に、言い訳をされること」

という声を多く耳にします。

つい先日も、ある企業の管理職研修にて40代前半の課長職の方からご質問をいただきました。部下（20代）が指示した通りのやり方で進めていなかったので、それを指摘したら、

「あの……途中で部長からアドバイスがありまして、その通りに進めていたんです……」

と言ってきたので、

「言い訳するな！」

とピシャリと相手に怒ってしまったら、相手がさらに

「言い訳ではなくて……」

と言ってきたが、言い訳する相手にどのように対応すればよいかという内容でした。

わたしからまずお伝えしたのは、上司からすると部下の言い分は言い訳に感じられたものの、部下の反応からすると、言い訳の認識がなく、単になぜこのやり方でしたのかという事情を説明したかったのかもしれないということです。

相談をしてきた課長職の方に、

「部下にわかってほしかったこと、伝えたいことはなんだったのでしょうか？」

と尋ねると

「部長からアドバイスを受けたのであれば、すぐにわたしにそのことを報告してほしかった。そこですり合わせをしてから進めてほしかった」

とのことでした。だとするならば、

「言い訳するな！」

と部下の話をピシャリと遮らずにひとまず聴いたうえで、

「そのような事情があったのだと思うけれど、いまのタイミングでは言い訳のように聞こえてしまうよ。だからアドバイスを受けた時点で報告をしてほしかった」

と言ってはどうかというアドバイスをしました。

言い訳は聞きたくない、という気持ちから相手の話に耳を傾けられないという人も多いのですが、今回のケースのように、そもそも相手が言い訳だと認識していない可能性もあります。行き違いを防ぐためにも、ひとまず耳を傾けてみてはいかがでしょうか。

それは本当にパワハラなのか？　事実に耳を傾ける

パワハラ防止法が施行され、パワハラを受けたという相談を受けることも多くなったという組織もあります。わたしもパワハラを受けたという相談を受けたときにどう対応すればいいのかという相談や、窓口担当の方々を対象としたヒアリング研修の依頼を受けることがあります。

さまざまな事例がありますが、なかにはパワハラを受けたと相談するものの、本当はいまの部署での仕事が嫌で、部署異動をしたいがために上司にパワハラされたと言ってくる人や、上司のことが嫌で、その上司を異動させたいから……というとんでもない理由で相談してくる人もいます。

「上司が高圧的な態度で接するので、日々恐怖を感じながら仕事をしています。職場の飲み会で『2次会も来るんだろ？』と言われたり、夏季休暇を申請したら、そんなに休むのか？と言われたり……いろいろと圧をかけられます」

と言われ、上司がパワハラをしているものと思い込んで調べてみたところ、じつはそうではなかったという事例がありました。現場のほかの人にヒアリングしてみると、実際には相談者は飲み会の2次会にも行っていないし、休みも希望通りにとれているとのことでした。さらに調べを進めると、相談者は地方勤務が嫌なので異動をしたかったから、今回のような相談をしてきたということでした。

このような相談をされた場合、何が事実なのか、思い込みに影響されることなく聴き出すことが求められます。

ただ事実を把握するためにと意気込み、事情聴取のようになってしまう人もいるので注意が必要です。

「で、2次会には行ったの？　行かなかったの？」

と問い詰めるように聴くのではなく、

「そのように言われたんだね。その後は2次会に行ったの？」

と、相手が答えやすいように確認しましょう。

8. 思い込みの激しい相手の話を聴くとき

経験値や価値観から、人の言葉を受け入れられないことがある

何か話をするとき、頑なに、

「こういうときはこうあるべきだ」

「きっとこうに違いない」

という自論をぶつけてくる人がいます。たとえば、「営業職は、お客様から連絡があったら、定時を超えて残業して対応するべき」といった考えを持った管理職の方がいました。

働き方改革も進み、そこまでの対応はしなくてもよいと思う人もいますから、これは一般的な価値観ではないかもしれません。

また、アンガーマネジメントの研修をしていると、そもそも怒りを表現すること自体が悪いと決めつけている人もいます。

「表現すること自体は悪くないですよ」

「適切な表現の仕方ならいいのですよ」

と研修で伝えても、自分のいままでの経験値や価値観に固執して、こちらが何を言っても、まったく耳を傾けない人はいるのだなと思うときがあります。

相手の思いを受けとめて、否定しない

相手の意見に耳を傾けられない人に対しては、

「そういうふうに考えたのですね」

「そういうふうに思っているのですね」

と、相手を受けとめつつも、

「どうしてそう思っているのですか」

「どういった経験からそう感じましたか？」

と、相手がなぜそのようなこだわりを強く持っているのか聴き出すようにします。

真っ向から
「それって、あなたの思い込みですよね」

「だから、こういうふうに言っているじゃないですか」

と返してしまうと、相手は否定された気持ちになります。


まずは、相手を受けとめて、なぜその人がそのようなことを強く信じているのか、頑なになっているのかを聴き出していきましょう。

説得するのではなく、そう考えている理由を理解するためのやりとりです。

さまざまな価値観があります。たとえ比較的若い世代に対して、「説得をしよう、考えを変えさせよう、その思い込みはよくない」と感じたとしても、そのまま態度に出してしまっては、もっと深い真意までたどり着くことはできません。

あまりにも自分と意見が違うときには、違いを知る機会だと思って耳を傾けてみるのもおすすめです。

9. こちらを責めてくる相手に対して、冷静に対応したいとき

相手の感情に巻き込まれない

「これは、あなたが悪い」

「あなたのせいだ」

「あなたが◯◯をしたことがいけない」

と、感情的に責めてくる人を時折見かけます。

そのようなときには、こちらも過剰に反応しないようにしましょう。

最悪の場合、売り言葉に買い言葉になってしまうことがあるからです。


こんなときこそ、アンガーマネジメントを活かしましょう。

相手から何らかのことで責められたら、イラッとして、落ち込んだり、嫌な感情を味わうことになったりもするものです。

嫌な気持ちになったときに避けたいのは、相手が責めてくる態度に対して、こちらが巻き込まれて感情的になることです。イラッとしても、落ち着くようにやり過ごすのが適切な対応法です。

落ち着いて話ができるよう心を整える

怒りが込みあげてきたとしても、まずは売り言葉に買い言葉のような怒りにまかせた衝動的な行動は避けたいものです。

相手が一方的に責めてきたとき、

- なぜこのようになっているのか
- なぜこの人がわたしに対してこんなに怒りをぶつけてくるのか

という点を把握しなければ、場は収まりません。

「一度、落ち着いて話を聴かせてもらえないかな」

「話を聴くので、何があったのか教えてくれないかな」

「なんとか、解決したいと思っているのですが、どういうことなのかを教えていただけませんか」

と、とにかく相手が落ち着いて話せるような対応や、問いかけをしていきましょう。

「なんで？」

「何を言っているの？」

「なんでそんな言い方しかできないの？」

「そもそも、そんなふうに言うけれど」

といった感情的な発言で返すと、まったく違う方向に言い合いが始まってしまい、決裂する可能性もあります。

相手の話を冷静に聴き出すことから始めましょう。

やりとりを交わしているうちに、相手もこちらも落ち着いてくるはずです。

10. NOの理由を聴くことで解決策が見つかる

営業も交渉も、双方が納得のいく着地点を探るのがゴール

営業や交渉の場で、相手が自分の提案や考えに同意してくれなかったり、否定的な意見を言われたりしたときに、カチンときてしまうことはないでしょうか。

基本的なことですが、こちらの思い通りに進まないとき、つい頭にきて、

「もういいです！」

と感情的に話し合いの場を壊してしまうと、こちらの言い分を聞いてもらえないまま決裂してしまいます。

もしこちら側の意向が通らなくても、決して人格否定されたわけではありません。カチンときたときほど、「ただお互いの意見が異なるだけだ」ととらえましょう。

とくに営業や交渉の場では、心の揺らぎがその後の仕事に影響してしまうので、不用意な発言は避けたいものです。

そもそも交渉の場は、相手を論破し、勝ち負けの決着をつける場ではありません。お互いにとってよくなるようにすり合わせ、話し合いをする場です。難航する場面では、相手のNOに過剰に反応するのは避け、

- この場にとって一番いい答えは何か
- いま、お客様に求められていることは何か
- お互いにとって最善の着地点は何か

話し合いの場の目的が何なのか、立ち返ってみてください。

NOに感情的にならないことで、解決策が見つかる

ある営業職のAさんは、ある会社で

「ダメダメ。もう他社で決めてしまっているから、そちらで取引するつもりなんてまったくないよ」

と、一蹴されてしまいました。そのとき、Ａさんは感情的になることなく、落ち着いてこう返したそうです。

「他社でもうお考えなんですね。差し支えなければ、わたくしどもが提案する商品のどういうところが、御社のご要望に合っていないのか、今後のためにお聞かせ願えませんでしょうか」

そこでお客様が感じている不満をひととおり話してもらい、Ａさんはもう一度提案のチャンスをいただけないかと打診したところ、結果的に検討してもらえるようになったそうです。

もし相手の態度にカッとなって、

「そうですか。ではもういいです！」

と終えてしまっていたら、このような結果にはならなかったでしょう。

相手と意見がぶつかること、葛藤することは、ビジネスにはつきものです。相手のＮＯの言い方に、感情的になったり、過剰に落ち込んだりする必要はありません。

譲ったり譲られたりしながら話し合い、お互いにとっていいと思える着地点を探ることが、営業や交渉の目的だということを忘れずにいたいですね。

11．感情的な相手には、場を仕切り直すことが有効

落ち着いて、一度タイムをとる

「これは手に負えない。感情的になりすぎてしまって、話を聴くのがいまは難しいな」と思ったら、

「いろいろ言いたいこともあるみたいだよね」

「これは落ち着いて話をしたほうがいいと思うので、1回仕切り直さないかな？」

という提案が必要なことがあるでしょう。ここで、

「まあまあ、そんなに怒らないで」

と言うと、火に油を注ぐこともあるので、言葉がけには注意しましょう。

アンガーマネジメントには、「タイムアウト」という手法もあります。

スポーツの「タイム」と同じで、この場でこれ以上やりとりしても何も進歩しない、不毛

な言い争いになりそう、こちらも巻き込まれそうという場合、この場をリセットしたほうがよい方向に進むなと思ったら、一度仕切り直しを提案して、物理的な距離をとるのも有効です。

具体的には、次のような提案をするのがおすすめです。

- 「改めて別のタイミングで話そうよ」という提案をして、その場をリセットする
- 本当にリセットする時間が短くて済むならば、「いったん、飲み物を買ってくるから、5分後か10分後に、ここに戻ってきて話しましょう」といった提案をする

相手の感情に巻き込まれて、こちらまで感情的になると、相手の話を最後まで聴けない状況になってしまうので、避けたいところです。

感情的なお客様に「感情」で返すことは避ける

ある製薬会社のお薬相談センターでの出来事です。

以前わたしがコールセンターの研修を担当したときに、スタッフの返答によって患者が激高し、「上を出せ！」といった大騒ぎに発展したという相談を受けました。

クレーム対応時には、感情的に話してくるお客様が多いので、聴いている側は日々責められているような気持ちになる人もいます。

「こっちに薬代を払わせようとして、効きもしない薬を処方したに決まっている！」

「そもそも、その薬は効くのか⁉」

「そんな薬ばかり出して！」

と理屈の通らない責め方をしてくる相手に対して、対応者のOさんは、最初こそ冷静に対応しようと思っていたらしいのですが、さすがに途中からカッとなって、

「さっきから言いたいことしか言ってないですよね！」

「お客様だからって、あなたは神なんですか⁉」

といった暴言を吐いてしまったそうです。

その言葉に相手も怒り、言い合いになって、後に大事に発展したとのこと……。

相手の感情に巻き込まれないことが、いかに大切かを感じた出来事です。

無理に収めようとすることで、相手の反感を買ってしまうことも

ある管理職の方から（50代）、「1on1ミーティングのときに、自分の部下が感情的になってしまった」と相談されたケースもあります。

「リモートワークになってから、部長は全然、部下の進捗状況を把握していないですよね！」

「わたしも大変なのに、わかっていないですよね。○○さんばかりひいきして！」

と感情的になった女性部下がいて、それに対して、

「まぁまぁまぁ、そんなに怒るんじゃないよ」

と、収めようとしたことで、

「そうやっていつも、なぁなぁにしようとしていますよね」

と、さらに逆ギレされてしまったそうです。

無理に収めたり、売り言葉に買い言葉で感情的になったりすると、収まる話も収まらなくなってしまいます。

女性部下に言われたときに、

「そうか、言いたいことがあるんだよね。落ち着いて話を聴くから、何が不満だったのか一つひとつ教えてくれないかな」

と返せばよかったのですが、
部長「まぁまぁ、怒るなよ」

女性部下「怒ってませんし」

というやりとりの応酬で、言い合いになってしまったと聴きました。

自分を落ち着かせる言葉やアイテムを持つ

人との対話のなかでカッとならないようにするために、深呼吸はおすすめです。

深呼吸には、副交感神経が優位になって心を落ち着かせる効果があります。

とくに、電話であれば深呼吸しても相手にはわかりません。

コールセンターで働く人のなかには、本当に深呼吸することもあれば、心のなかで
「落ち着け、落ち着け」

「大丈夫、大丈夫」

と言っている人もいると聴きました。

畳みかけられているときには、自分が落ち着く言葉を言い聞かせられる、合言葉のようなものを持っておくのもおすすめです。

自分が落ち着く言葉を言い聞かせながら、気持ちが落ち着くように、スマートフォンの待ち受け画面を見るという人もいました。

部下のとんでもないミスが続いて、思わず怒鳴りたくなるときにも、合言葉を持つことで早く冷静になれると便利です。

わたしの場合は、「死ぬこと以外かすり傷」を合言葉にしています。

端的に言うのであれば、「ストップ」もいいでしょう。

これは頭の中でストップと言い聞かせる「ストップシンキング」というもので、これらはアンガーマネジメントの手法のひとつです。

とっさのときに思い浮かべられるようあらかじめ練習しておけば、いざというとき効果を発揮してくれます。

12. どうしても嫌いな相手の話を聴かなければいけないとき

話を聴く相手を選べないことは多々あります。

嫌いな上司、嫌いな部下、嫌いな取引先、どうしても付き合わなくてはいけない相手が、状況によってそれぞれいるものです。

どうしても対峙しなければいけないときには、好き嫌いの感情を置いて、これはひとつの役割、業務だと割り切ることも必要です。

「本当にこの人は嫌いだな」と思いながら接していると、つい「この人、何を言っているのだろう」「聴いていてイライラする」という気持ちが顔にも出てしまいます。

その本心が相手にも伝わってしまうので、相手にこちらの負の思いを感じさせないほど深く聴くというのは、ひとつの人生のトレーニングなのかもしれませんね。

人の話を聴きながら、話を整理し、まとめることは、傾聴訓練になります。

これができたら、人の話を聴く力はかなり上がってきていると言えるでしょう。

研修では、何を言っているのか一度聴いただけでは理解しづらい人の相談話に付き合うこともあります。

そういった試練の場に立ったときにも、「いまは自分を鍛える時間なのだ」と思いながら聴いてみてください。わたしも、現場で日々鍛えられています。

13. 相手の怒りの裏側にある感情を察して共感する

相手の怒りの裏側にある感情に目を向ける

怒りは、決して悪いものではありません。

人が腹を立てるとき、怒りの裏側には、悲しみ、悔しさ、不安、困惑、寂しさなど、いろいろな負の感情が潜んでいることがあります。

たとえば、家族が連絡なく深夜に帰宅することに猛烈に腹を立てているとします。

「連絡なく遅く帰ってくるなんて、迷惑にもほどがある！」

とぷりぷりしていますが、本当は怒りの裏側に、

「事故にでも遭っていないか心配で仕方がない……」

という感情が潜んでいたりするのです。

カウンセリングなどでは、この怒りの裏側にある感情を察して共感することが重要とされています。

相手の「気持ち」を引き出す

これは、カウンセリングのシーンだけではなく、普段の会話でも同じです。

裏側の感情に、本人自身も気づいていないことがありますし、気づいているのに強がって怒っていることもあります。

もし相手が

「〇〇なことをするなんて、本当に考えられない！」

と言ったら、

「どんな気持ちになったの？」

と尋ねてみましょう。相手が

「だって心配にもなるし……」

と言ってきたら、

「うん。それは心配だよね」

と、相手の気持ちに共感することが大切です。

仕事でもプライベートでも、怒りの裏側にある相手の感情を引き出し、共感できるようになったら、関係性はもっと良好になるでしょう。

14. 話が錯綜する会議で、傾聴力を発揮したいとき

会議でテーマがあるにもかかわらず、あっちこっちに話が飛んで、混乱するようなときは、

「一度ここで整理しませんか？　本題からずれていると思います」

と、話を整理して、元の議題に戻し、立て直す必要があります。

自分がどういう役割を担当しているかにもよりますが、いつでも対応できるようにしておくのが理想的です。その際、

「○○さんが、ちょっとずれた発言をしたので」

「△△さんの言っていることは、ちょっと意味がわからないので」

と責めるような言葉や、相手が傷つくような言葉を使うのは避けてください。

「ちょっと1回、ここで整理しませんか？」

「○○さん、いま、こういうふうにおっしゃったことは理解しました。こちらもこういう発言があるのですが、この話をもう一度みなさんで決めませんか？」

というように、それまでの話を整理しつつ元に戻していくときに、本題が何だったのか、暴走している人や参加者に気づかせることから始めてください。

とくにリーダークラスの人が行う場合、参加している全員に投げかけることがポイントです。

ポイント

☑**アクティブ・リスニングでは、心の中で対等に向き合う**

- 立場が違う相手も尊重し、耳を傾け、たとえ同意できなくても、理解を示す

☑**報告しやすい空気感をつくる**

- 部下がネガティブな報告をしたときに怒らない
- 「言いにくいことを、勇気を持って共有してくれてありがとう」と伝える

☑**ネガティブなフィードバックを受けたときほど、素直に聴く**

- 現状ではどこがいけなかったのか、どう思われたのか、本来どうすべきだったのか、という点に焦点を合わせ、耳を傾ける
- 指摘された内容によっては、素直にお詫びをする

☑**こちらを責めてくる相手に対して、冷静に対応したいときは**

- 怒りが込みあげてきたとしても、まずは売り言葉に買い言葉のような怒りにまかせた衝動的な行動は避ける

☑**感情的な相手には**

- 場を仕切り直すことが有効

☑**話が錯綜する会議では**

- 話を整理して元に戻していく

第5章

プライベートの場で活用する アクティブ・リスニング

1. 親密な関係だからこそ、「思い込み」にとらわれずに聴く

親密な間柄の人には「決めつけ」が働きやすい

パートナーや長年付き合った友人・職場のメンバーに対しては、

「この人はこういう人」

「この人は、いつも○○するよね」

と、相手に対する決めつけが生まれやすいものです。

身近な人に対してほど、ニュートラルな気持ちでやりとりするのは難しいかもしれません。

わたしの夫は論理的なタイプで、仕事のアドバイスでも、痛いところを突いてくることがあります。そのため、話をしている途中で、

「だったらこういう段取りをすればいいじゃないか」

「長い目で見たらこうじゃないか」

と、何か耳の痛いことを言われるのではないかと思ったとき、

「わかった、わかった。あなたの言いたいことはわかっているから、もういいよ」

と、わたしから話を打ち切ってしまうこともありました。

ところが、しっかり聴いてみると説教ではなく、

「そんなに大変なら手伝うよ」

「ちょっと思いついたんだけど、こうしたらいいかも」

といった、うれしい提案や新しいアイデアをもらえることも少なくありません。

そのたびに、「思い込みで邪険にしてはいけないな……」と反省しています。

「思い込み」によって、アドバイスや好意を逃すことがある

立場上、わたしのもとにはいろいろな人から相談事が寄せられます。なかでも、

- 誰かの悪口に終始して、愚痴と文句ばかりで結論が出なかった
- ただ組織への不満を、誰でもいいからぶつけたいだけだった

といったことが過去のやりとりであった場合は、「今回もそうなるかもしれない」と身構えてしまうこともあります。

ただ、これもわたしの思い込みです。いざ聴いてみると、

「いままでこういうふうに思っていたんですけど、今度はこうしてみます」

と発展的な話だったケースもありました。

このように、いままでの付き合いややりとりがあるからこそ、最初からニュートラルな気持ちで耳を傾けられなかったり、優先順位を下げたり、途中で話を打ち切ってしまったりすることが、決して少なくありません。

お互いにとってマイナスになるので、気をつけたいところですね。

2. あまり親しくない相手と、距離を縮めたいとき

相手に話をしてもらえるように会話を進める

関係性ができてすぐのときには、

「どんな話題の話をしたらいいのだろうか？」

と迷うこともあるでしょう。

そんなときには、相手の様子を観察しながら聴いてみてください。

話していて相手がうれしそうにしたら、その話題をもっと気持ちよく話してもらえるようにします。


たとえば、子どもの話や趣味の話のときに、

「それって、どういうことですか？」

「お子さんはおいくつですか？　それはかわいい盛りですよね」

と、相手の興味があることを重点的に引き出すようにすると、こちらから話題を提供しなくても話が盛り上がり、相手のことを知ることにもつながります。

心の距離が縮まれば、プライベートなことまで話してもらえる

相手の様子を観察しながら話を聴くと、初対面の人とも仲良くなることができます。

以前、30代前半の女性とはじめて会った際に、住んでいる場所の話から、もうすぐ結婚す

るので引っ越す予定であることを聴きました。思わず、

「おめでとうございます」

と言ったところ、ちょっと浮かない表情をしたのです。

そこで、何か思うことがあるのかと尋ねたところ、

「じつは……マリッジブルーなのか、なんだか結婚することに悩み出して……」

と話し出したのです。

「そうか、悩んでいるのね。差し支えなければ、どんなことで悩んでいるのかを聴かせて」

としばらく聴き役に徹していると、相手のご家族とのやりとりのなかで不安を感じたことや、馴染みのない土地へ転居することへの不安など、いろいろな話をしてくれました。

相手の表情や反応などを観察し、いまこの話題について話したいのだろうと思う点を引き出し、共感しながら耳を傾けることで、相手も

「自分の話を聴いてもらえた。わかってもらえた」

と親近感を持ってくれる可能性が高くなります。

彼女とは後日会う約束もしました。

このように、話を聴くだけで心の距離を近づけることもできるのです。

話が得意ではない人には、こちらが自己開示してから相手の話を聴く

口数が少ない相手と対話するときには、先にこちらの失敗談などを自己開示し、親しみがわくようなエピソードを話してから、相手の話を聴くというのもひとつの方法です。

こちらが緊張すると、相手にもその緊張感が伝わってしまいます。気軽に話せるように、なるべく何か「共通項」を探しましょう。

わたしの場合は、住んでいる場所や趣味などの情報がわかったとき、あえて話題に入れるようにしています。

相手の心の扉を開くために自分の話をすることも、アクティブ・リスニングの手法のひとつなのです。

名前についての話題はおすすめ

初対面の人と名刺交換をしたとき、名前の漢字が印象に残ったら、

「○○さん、きれいなお名前ですね」

「こういうふうにお読みになるのですね。こう読む人にはじめてお目にかかりました」

名前を話題にして聴くのもおすすめです。

自分の名前の由来についても話してくださる方は結構多く、

たとえば以前、男性で瑞穂《みずほ》さんという方がいたので、

「瑞穂さんとおっしゃるのですね。男性で瑞穂さんという人にははじめてお目にかかります」

とお伝えすると、

「そうですよね。女性だと思われますよね。じつはお腹のなかにいるとき、両親は女の子だと思っていたのです。そこでわたしが生まれて、この名前になったそうです」

と、話してくれました。

名前の由来は、多くの人が話しやすい話題です。

初対面の挨拶の際に、意識して聴いてみてはいかがでしょうか。

3. 感情的な相手の話に付き合うとき

相手の感情に振り回されないよう、聴くことで距離をとる

これまでにもお伝えしてきたように、良好な人間関係を築くには、相手の感情に巻き込まれないことも必要です。

相手の怒りを制することもなく、抑えようとすることもなく、巻き込まれないようにするというスタンスが一番理想的です。たとえば、

「ちょっと聴いてくださいよ。こんなことがあって、本当に腹が立つんですけど」

と言われたら、わたしは

「腹が立ったって、何があったの？」

と、最初に聴くようにしています。

そうすると相手が事情を話してくれるので、

「わかった。どんな状況で、どうしてそうなってしまったのかをちゃんと聴いていい？」

と、こちらもさらに聴く姿勢を見せます。そして、相手が話すたびに

「こんなことがあったのね」

とこちらがポイントを復唱していくと、相手も自分の話を少し整理し始めるので、話が間延びしなくなります。

まずは相手の話に振り回されないことを意識しましょう。

相手の感情に同調しない

相手の感情に巻き込まれないポイントは、一緒に感情的にならないことです。

アンガーマネジメントの手法のひとつである、コーピングマントラもおすすめです。前でもご紹介しましたが、自分の心が落ち着く言葉（フレーズ）をイラッとしたときに思い浮かべるというものです。先ほどのようなシーンでは、わたしは

「怒っているのはこの人の感情で、わたしの感情ではない」

と自分に言い聞かせるようにしています。

「そんなに怒ることもないのでは？」

と、相手の感情を否定すると、相手は
「何もわかってないんだから！」

と、怒り出すか、拗ねてしまう人もいます。

「それは腹が立って当然！」

と、相手の感情に同調したり、一緒に怒りはじめたりすることなく、話を進めましょう。

4. 怒りで解決策を見出せない相手の話を聴くとき

心がけたいのは、相手の気持ちを未来へ向けさせること

相談事を持ちかけられたときには、

「そうだよね。そんなことを言われたら、悲しいよね」

「そうか。そういうふうに言われたくなかったよね」

「そんな評価をされて、傷ついちゃったね」

というように、最初から相手に共感の言葉をかけるようにしましょう。

わたしは、コンサルをするときも、誰かの相談に乗るときも、最終的には未来に気持ちが向くように心がけています。

「これからどうしたいと思っているの？」

「そうか。それでどうしたいと思っているの？」

と共感しながら、未来を考えてもらうのです。

アンガーマネジメントは、元々、解決志向をベースにした理論です。

「なぜ、あの人ってあんなことを言ってきたのだろう」

「どうしてこんなことになっちゃったのだろう」

「なぜ、ここまで言われなくてはいけなかったのだろう」

というように、過去に目を向けて原因追及をするのではなく、現状を把握したうえで、

「今後どうすればいいのか」に目を向け、行動選択をします。ですから、

「今後、何ができると思う？」

「どんな方向性に向かったら納得できる？」

このように、未来の解決の方向に向けた質問をしていくと、かなり感情的になっている相

手でも、建設的な方向に気持ちを向けられるようになります。

相手に最善策を考えてもらう

あの人がこんなことを言ってきて、こんなメールをしてきて……という相談を受けたときも、

「それを言われたら傷つくね」

「今後もやりとりが続くけれど、どうしようか？」

と冷静に聴いていくと、

「まさか感情的にメールを返すわけにもいかないし、文句はつけられないし……」

と、だんだん相手の思考が働くようになっていきます。

その後、問題が解決してから、

「おかげさまで、下手に感情的なメールを返さずに済んだよ」

とお礼を言われたこともあります。

怒りは、何かに不満を持ったり、自分が「こうあるべき」と思っていたりすることが破ら

れるときにわいてくる感情です。だからこそ、

「では、本来どうしてほしかったのだろう？」

「いまから言えること、いまからできることってあるかな？」

と、本人が最善策を考えられるように、第三者が質問をすることも大切です。

アンガーマネジメントとアクティブ・リスニングを活用することで、怒りの相談事も発展的に解決していきましょう。

5. 話が長すぎる相手にうまく対応したいとき

終わりの時間を伝えることで、話が長くなるのを防ぐ

話が長い相手とやりとりをしなくてはいけないときには、あらかじめ終わりの時間を伝えておくこともひとつの手です。

たとえば、相談事を持ちかけられたら、

「用事があるので〇時〇分まででもいいかな？」

話が長すぎる相手への対処法

❶ あらかじめ終わりの時間を伝える
→「そろそろ……」
「○時まででしたよね」

❷ 打ち切りたい話はお礼で締める
→「○○ということですね。
ありがとうございました」

と最初に予告しましょう。

時間を具体的に明確にしておくと、「そろそろ」と切り上げる言葉も言いやすいものです。

相手によっては、自分から

「○時まででしたよね」

と言ってくれることもあるのでとても有効です。

打ち切りたい話は「○○ということで」のあと、お礼で締める

打ち合わせや相談で、いつまでも話が終わらないことはありませんか？

こんなとき、どう言って話を区切ればいい

か、タイミングをはかるのが難しいものです。

わたしがおすすめしているのは、

「○○ということですね。今日はありがとうございました」

と言葉を投げかけることです。

こう言えば、相手に失礼もなく、話を区切ることができます。

それでも、また話し始めてしまう人がいる場合、

「いろいろと話が尽きないですよね。あっ、申し訳ないのですがそろそろ時間ですので、このあたりで」

「次の約束がある方もいるので、時間を区切りましょう」

と伝えるのもいいでしょう。

異業種交流会などで、名刺交換後に長々と自分のことを話し始める人の場合、

「お話しできてよかったです。ありがとうございました」

と言い、名刺入れにしまう動作で切り上げるのも効果的です。

切り上げるときのワンフレーズを持っておくと、次の予定があって時間が気になるという

場面で役立ちますよ。

6. 何を言っているかわからない専門的な話をする人への対処法

専門的な話をしたい人たちもいる

相手の理解度などを気にせずに、一方的に専門的な話をしてしまう人がいます。

専門的な話の場合、調べないときちんと理解できないことや、単語が聞き取りづらいこともあるものです。

専門用語を使う人のなかには、自分が使っている用語を相手が理解できないと気づかずに言っている人もいれば、マウントをとるかのように横文字や専門的な用語をちりばめて、わざと使う人、とても難しい言葉を使うことで自分の権威性が高まると思い込んでいる人もいます。

たとえば、4人チームのうち、3人が専門的な言語を話すと、ひとりだけ取り残されたまま話が進んでしまいます。以前、

「そのようなときに、どうすればいいのでしょうか」

と相談を受けたことがありました。

わたしも研修先で、その業界の専門的な用語を耳にすることがあります。

何を言っているのかわからなくなったときは、

「申し訳ありません。わたしは業界の専門用語に詳しくありません。恐れ入りますが、確認しながら聴いていいですか？」

と言って、わからないことを正直に質問するようにしています。

人によっては、

「そうでした。ごめんなさい」

と、とても丁寧にわかりやすく、補足説明しながら話してくれる人もいます。

質問することに対して、「恥ずかしい」「相手に面倒をかける」と思っている人もいますが、決してそんなことはありません。素直にわからないことを開示しながら聴くのも、相手の話を正確に理解するためには大切なことです。

仕事をスムーズに進めるには、わからないことをそのままにしないで質問できることも重要なスキルなのです。

素直に聴いて教えてもらったら、お礼を伝える

専門用語を使って相手よりも優位に立ちたい、マウンティングしたいのかな、と思う相手には、自尊心が満たされたら満足するので、

「○○さん、本当にわたしの不勉強でごめんなさい。はじめて耳にする用語も多いので、恐れ入りますが、わたしにも理解できるように教えてもらえませんか？」

と言いながら聴くといいでしょう。

- 「これを理解できないと困る」ということ
- このあとのやりとりに行き違いが起こりそうだと思うこと

などは、その場で素直に聴くのが一番です。そして、教わったら最後に

「教えてくださってありがとうございます。理解が進みました」

とお礼を伝えると、その後のコミュニケーションも円滑に進みますよ。

7. 早口でまくしたてる人の話を聴くとき

話のテンポをゆるめてもらうよう伝える

早口すぎて聞き取れない、何を言いたいのかわからないという話し方の人もいます。誰かが止めないかぎり、どんどん話が展開していくので、一度話を整理しないと、こちらもわからなくなってくるかもしれません。


ビジネスの場であれば、一気に話したあとのひと息のときに、

「恐れ入ります。メモをとりながらお聴きしているので、いま一度、〜のところをお話しいただけますでしょうか」

「ごめんなさい。メモをとりながら話を聴きたいので、追いついていけるように少しゆっくりお話しいただいてもいいですか?」

とお願いするのがいいでしょう。

早口すぎて
聞き取れない人の対処法

○

●テンポをゆるめてもらうようお願いする

「メモをとりながら聴きたいので、少しゆっくりお話しいただけますか」

×

●相手を非難する

「○○さんが早口だからついていけない」
「落ち着いて話して」

自分の話すテンポをゆっくりにする

先にもお伝えしましたが、こちらの相槌を返す反応も、相手のテンポよりわざとワンテンポゆっくりさせるのもひとつの手です。

相手に合わせると、どんどんスピードアップしてしまうものなので、

「はい。そうなんですね」

と意識してゆっくり返事をしましょう。

ときには、

「ちょっと待って。理解がついていけないから、もう1回言ってもらっていい？」

「ごめん、ちゃんと理解したいから少しゆっくり話してもらっていいかな？」

とはっきり言うこともあります。このと

き、

「○○さんが早口だから、ついていけない」

「落ち着いて話して」

と、相手を非難しているように受け取られる言い方は控えましょう。

責められたと感じた場合、相手から

「わたしは落ち着いているんだけど！」

と返されて、余計ないさかいに発展してしまうこともあるので、そうならないよう、こちら側のリクエスト・要望のみを伝えるといいでしょう。

相手の話は臨機応変に聴く

対話をしていて、「この要点だけは押さえておかなくてはいけない」と感じた点については、念のため、正確に理解できているかどうかの確認が必要です。

「気になるところだけ、もう一度確認してもいいですか？」

と伝えて復唱するなどして、丁寧に把握しましょう。

わたしがまだ20代前半の頃、とても早口で方言の強い年配の人とやりとりをしたとき、

「気になるところだけ、もう一度確認してもいいですか？」

とお伝えして、ゆっくり復唱し、確認したことがありました。

そのときは電話だったので、余計に聴きとりづらく、

「申し訳ありません。お電話で聞き間違いがあってはいけないので、商品番号と納期、それから展示会の名前を、もう一度確認してもいいですか？　ＦＡＸで、後ほど確認のお知らせもしてよろしいですか？」

と幾重にも確認をしていました。

いまならメールのほうが一般的なので、

「今後の行き違いがあってはいけないので、もう一度メールでも確認させていただけますでしょうか？」

と言うのもいいですね。ツールを使って内容を残しておくと、いざというときにすれ違いで揉める確率もぐっと下がります。

ときには聞き流すことも必要

相手が早口で何を言っているかわからないとき、聞き取りづらいとき、滑舌が悪すぎてよくわからないときには、聞き流すという選択肢もあります。

以前タクシーに乗ったとき、年配のタクシー運転手の方がたくさん話をしてくれたのですが、方言が強いうえ、滑舌もよくなかったので正確に聴きとれませんでした。

でも、仕事の打ち合わせではなくタクシーの運転手さんとの雑談ですから、ずっと「そうなんですね」「はい」と相槌を打ちながら目的地に到着して会話も終了。

相手によっては、そのほうがお互いに心地よく過ごせることもあるのです。

もちろん、仕事の場面では、

「申し訳ありません、今後行き違いがあってはいけないので、もう一度お聴かせいただけますでしょうか」

と伝えて、念入りに確認したほうがいいでしょう。

シーンによって使い分けてくださいね。

8. 揉めている二人の仲裁役として間に入るとき

揉めている人たちには中立な立場で対応する

揉めている人同士の間に入る際にもっとも大切なのは、中立であり続けることです。途中でどちらかに肩入れしないことと、どちらがいいか悪いかを、ジャッジしないようにしましょう。

揉め事になる場合は、だいたい双方の言い分に少し違いがあり、それぞれの思い込みも入っているものです。

わたしがある揉め事の仲裁に入った際は、

「お互いに文句を言う場ではなく、この二人がうまくコミュニケーションをとれて、関係を円滑に進めるための時間にしましょう」

と、何のために三人で会っているのか、時間を1時間にした意図なども最初に伝えました。

「お互いにいろいろと誤解や言い分もあるのでは？」

「よく話してみたら行き違いもあるかもしれません。どちらがいいか悪いかではなく、今後も力を合わせて一緒にやっていくための時間です」

と最初に目的を伝えておくことで、不用意な邪推や変な方向に話が飛ぶのを防ぐことができます。

まずは事実の確認をする

二人が揉めている場合は、一方が意見を言うと、もう一方は

「でも、わたしはそんなつもりではなかった」

という話になってしまいがちです。

ですから、途中で話を遮られそうになったときは、第三者が入って、

「○○さんはそう思うよね。でも、話は最後まで聴きましょう。あとで○○さんがどう思ったのかは、もう一回聴きますね」

と最後までお互いの話を聴くように促しましょう。

お互いに最後まで相手の話を聴くということは、それほど難しいものなのです。

仲介者は話を整理してベストな答えを引き出す

お互いに、それぞれ勘違いも、変に邪推していたところもあったとわかったら、話を整理していきます。

「Aさんはこういうふうにしてほしかった。Bさんはこうだった。今回、この場で二人の誤解が解けたところがあったよね」

「整理してみると、ここは誤解で、本当はこうでしたね」

「二人とも、やりたいことやお互いに求めていることは○○でした」

と整理して、解決に向けてのすり合わせができるようにまとめていきます。

そして最後は、

「今後は、こんな話し合いが二人でできるとベストだね」

と、未来に向けた話をして終えます。

このように、仲裁者は自分の意見は入れず、まとめていくのが役割です。

とにかく整理する役、話を振る役に徹しましょう。

話し合っているうちに、どちらが合っているか、間違っているかという話が始まったら、

「これからどうしようかを考えよう」

と、都度話を戻してください。

これができれば職場でもプライベートでも心理的安全性が上がり、素晴らしい影響をもたらせるはずです。

9. 聴いているうちに、怒りがわいてしまうときには

キレると自分が損をする

相手の話を聴いているうちに、「この人はなぜこんなに自分勝手なことを言ってくるのだろう……」「なんでここまで言われなくてはいけないのだろう……」と思う場合があります。

そんなときほど、アンガーマネジメントの手法を活用してください。

相手の言い分に対してこちらが怒りをあらわにしたら、「この人は話の途中でキレた」と

思われてしまいます。

怒りがわくときには、相手の話を聴きながら、意識だけ違うところに持っていきましょう。

アンガーマネジメントには「グラウンディング」というテクニックがあります。

怒りがわいたら、五感に意識を向けようというものです。

違うところに意識を向ければ、怒りの気持ちをやり過ごせる

たとえば、視覚は意識を向けやすいので、目の前にペットボトルがあったら、「これはどこのメーカーだっけ？ どこの産地？ 成分がたくさん書いてあって……」とラベルに目を向けることや、「このペンは使い込んでいるから、こんなところに傷があるな」「このカップは、いつから使っていたかな？」というように、違うことに意識を向けることで、怒りの渦中に身を置かずに済みます。

トレーニングするとできるようになるので、ぜひ試してみてください。

ポイント

☑**親密な関係なときこそ、「思い込み」にとらわれずに聴く**

- 身近な人に対してほど「この人はこういう人」という思い込みで話を聴いてしまいやすい

☑**怒りで解決策を見出せない相手の話を聴くときは**

- 相手の気持ちを未来へ向けさせることを心がけて聴く
- 相手に最善策を考えてもらう

☑**話が長い人にうまく対応したいときは**

- 終わりの時間を伝える
- 「○○ということですね。今日はありがとうございました」と話をまとめる
- 「次の約束がある方もいるので、時間を区切りましょう」とはっきり伝える

☑**早口でまくしたてる人の話を聴くとき**

- 自分の話や相槌のテンポをゆっくりにする
- メモをとるので、ゆっくり話してほしいと依頼する
- FAXやメールなどのツールも活用する

☑**揉め事の仲裁役として入るときは**

- 中立であり続けること
- お互いに意見を聴くように促す
- お互いの話を整理していき、未来に向けた話をして終えるように心がける

おわりに

本書を最後までお読みいただき、ありがとうございました。

今回はアクティブ・リスニングをテーマに「聴く」ことの重要性と実践法をお伝えしてきました。

多くの人が、大なり小なり「人の話をきちんと聴けていなくて失敗した」という経験を持っているのではないでしょうか？

とくに、経験やキャリアを積んでくると、「こういうときには、こうアドバイスをすればいいだろう」「たぶん、こういうことを言いたいのだろう」という思い込みが働いて、真摯に相手の話を聴けていない場合があります。

わたし自身も、本書の制作を通して自分を省みることができました。余裕のないとき、身近な相手の話に対してしっかり耳を傾けることができていなかったのではと。

「話せばわかる」という言葉があります。相手に伝えたいことをわかってもらえるように話すことも大切ですが、まずは相手の話を聴かなくては、本当の意味でわかり合うことができません。

とくに身近な人の話こそ、思い込みにとらわれずに、耳を傾けることができているか振り返ってみませんか。

多様性の時代にアクティブ・リスニングが広まることで、周囲との相互理解が深まり、仕事やプライベートの人間関係が、よりよいものになっていくことを願っています。

本書の執筆にあたっては、いろいろな方にお世話になりました。

『日経文庫　アンガーマネジメント』『怒りの扱い方大全』『日経文庫　アサーティブ・コミュニケーション』に続き、本書の執筆をご依頼くださった、日経ＢＰの細谷和彦さん。

処女作からの出版のパートナーであり、今回も伴走いただいた株式会社サイラスコンサルティングの星野友絵さん。

安心してチームで取り組むことができ、とても思い入れのある本になったことに感謝しています。

いつも応援してくれている夫と息子へ。ありがとう。

2023年9月

戸田　久実

著者略歴

戸田 久実（とだ・くみ）

アドット・コミュニケーション株式会社代表取締役
一般社団法人日本アンガーマネジメント協会理事
アンガーマネジメントコンサルタント
一般社団法人アンコンシャスバイアス研究所認定トレーナー

立教大学卒業後、株式会社服部セイコー（現・セイコーグループ株式会社）勤務を経て研修講師に。銀行・生保・製薬・通信・総合商社など大手民間企業や官公庁で「伝わるコミュニケーション」をテーマに研修や講演を実施。1on1 のコンサルにも対応し、対象は新入社員から管理職、役員まで幅広い。講師歴は 30 年。
著書は『アサーティブ・コミュニケーション』『アンガーマネジメント』（以上、日経文庫）『怒りの扱い方大全』（日本経済新聞出版）『アンガーマネジメント 怒らない伝え方』（かんき出版）など多数ある。

日経文庫

アクティブ・リスニング
ビジネスに役立つ傾聴術

2023 年 9 月 15 日　1 版 1 刷

著者　戸田久実
発行者　國分正哉
発　行　株式会社日経 BP
　　　　日本経済新聞出版
発　売　株式会社日経 BP マーケティング
　　　　〒105-8308　東京都港区虎ノ門 4-3-12

装幀　next door design
編集協力　星野友絵（silas consulting）
組版　マーリンクレイン
印刷・製本　三松堂

ISBN978-4-296-11824-3
Printed in Japan